尼采著作集

瓦格纳事件
尼采反瓦格纳

Friedrich Nietzsche

Der Fall Wagner

Nietzsche Contra Wagner

[德]
弗里德里希·尼采______著
卫茂平______译

上海人民出版社

目录

瓦格纳事件

一个音乐家的问题

编者说明*

1888年4月20日，尼采写信给加斯特“[……]一篇关于音乐的论争性短文，让我的手指忙个不停”。6月26日，他把修改好的印刷体手稿寄给他的出版人瑙曼，到了9月中旬，已经收到《瓦格纳事件》的第一本样书。“事件”(Fall)这个词在这里意义纷繁，可以在法律、医学、神学和思想史等意义中理解。这就是说：瓦格纳应该面对一个法庭，是一个病例(Krankheitsfall)，也许甚至是一项原罪(Sündenfall)。而他的颓废(德语Abfall，法语décadence)是世纪之交主要在法国，但也在欧洲其他地方出现的颓废派运动的范例。所以，科本(Erwin Koppen)能在颓废和瓦格纳主义之间发现一种紧密关系，并且把“瓦格纳当作事件”来称呼(《颓废的瓦格纳主义：颓废派的欧洲文学研究》，柏

* 本书根据Friedrich Nietzsche，*Der Fall Wagner*，Goldmann Klassiker 1988年版译出，编者说明和注释均为波恩大学德语古典文学教授Peter Pütz撰写。

林—纽约，1973）。对尼采来说，瓦格纳作为事件在另一个意义中也十分重要，即作为他自己的实例研究（Fallstudie）的对象，所以他在文章的最后，称瓦格纳是一种促进认识的“意外幸事”（Glücksfall）。对此，这个全欧疾病的诊断医生，觉得有义务深致谢意。可他无法预料的是，与他以往的书籍相比，他的新文章造成了不同寻常的反响。不论其他，文章也确定了一个“尼采事件”。

一方面是同瓦格纳联系，另一方面是对于摆脱他的郑重宣告；这双重的视角决定了整篇论争文章的思维取向和论证方式。前言开头的几个句子，已经表达了尼采同音乐家那成问题的纠结，而后者在尼采的早年著作中，几乎受到顶礼膜拜。“命运”和“自我克制”等用词，标明了一种处于由更高势力所决定的、应该被克服的事物，和一个必须摆脱这种事物的自我之间的紧张关系。继他的《不合时宜的沉思》，尼采强调他抵抗时宜的意志，但同以前的书不同，现在他把瓦格纳也归入患病者的行列，作为他的同时代人，视自己同样受到威胁，甚至已经受到疾病的侵袭。因此，摆脱瓦格纳部分地成为对自己本身的克服。前者作为整体，后者则部分地成了颓废的体现，而颓废作为现代派的占统治地位的、否定生命的势力受到审核。不过，审核没有产生明确的账单，因为它标明的不仅有亏损，也有与瓦格纳一致的、现代性的赢利。把他排除在外，就不存在当下的文化，而且既没有艺术家，也没有哲学家，缺少他也能进行工作。只有与他一致的人，有权同他拉开距离。

尼采从哪里获得这种论战的权利，尤其是对此的力量？对他来说，瓦格纳代表的不仅是颓废的现代派，从根本上讲还有艺术，而在他眼里只有瓦格纳的艺术才算是艺术，因为除此之外，没有任何其他艺术在其考虑之内。比才的《卡门》只是一个不经意选择的、有战略意义的据点，由此出发可以对瓦格纳发动攻击；法国人不能提供一个值得严肃对待的选择。对尼采来讲，伴随着瓦格纳，整个艺术遭到蜕化的判决。他同时道出自己从中汲取自身之抵抗力的源泉：“我心中的哲学家与之抗争”。哲学家寻找并且发现了一个阿基米德点，由此出发，可以彻底推翻艺术那整个腐朽的殿堂。由此，决定尼采全部著作的艺术和认识的张力，获得一种崭新的质量。格奥尔格（Stefan George）及其追随者喜欢引用尼采的一段话，它出自尼采为《悲剧的诞生》所写的前言：“它应该歌唱，这颗‘新的灵魂’——而不是说话！”以这唯一可能的颓废分析的观点来看，这段话需要颠倒过来。这颗“新的灵魂”不该歌唱，而必须说话，为了避免由于其糟糕的、因已经患病的部分而走向毁灭。这也许是它必然的命运，倘若它成为艺术家，也就是说，同瓦格纳一样。现代派的所有艺术不可能是别样，而作为这样的艺术，它需要得到拯救，不是通过一个艺术家，而是通过一个告诉它真理的人：通过一个哲学家。为了不掉入“瓦格纳—现代—艺术”之三位一体的不幸窠臼，尼采必须同自己身上的艺术家断交，必须使用概念以代替图像。尼采无法成为艺术家，只因世上已有瓦格纳。

从上述阿基米德之点出发，尼采不仅能对瓦格纳艺术，而且能对叔本华哲学作斗争。而后者的审美核心恰恰在于，不信任哲学而信任艺术，甚至相信音乐具有认知的最高地位。尼采恰恰在其晚年著作中——同流行的、关于其迷醉的敌视理智的观点相反——再次取回这个要求，交给哲学，让它做关于艺术的启蒙工作。而在现代派中，艺术同瓦格纳、疾病是一回事。

要是尼采把比才的歌剧《卡门》当作所谓的校正措施，应对瓦格纳的艺术，那么他是把这当作范例，为古典和浪漫的对立而使用的。就他看来，后者此时同颓废意义相当。歌德已经把古典称为健康，把浪漫称为病态，而后来的文学理论家施特里希（Fritz Strich）把前者同“完成”，把后者同“无限”的概念联结起来。当尼采借助比才，把瓦格纳的沉重同轻松，把无限同局限，把病态同健康，把悲观失望同丰硕多产相对照，他是在类似的范畴里进行思考。

尼采之所以首先把瓦格纳视为他最顽固的对手，原因是他追随叔本华；因为这个瓦格纳的批评者在《作为意志和表象的世界》的作者身上，抗击的是他自己的误人子弟的老师。在《不合时宜的沉思》里，尼采尚且称他们两个为受到衰亡威胁的世纪的拯救者，可现在，他领会到他们和他本人的拯救需要。尼采心中怀有的更大疑虑是，瓦格纳是传染危险，因为不单单是那些精神贫乏者，而恰恰是那些最优雅和最受宠爱的人，将会受到其音乐那无与伦比的精妙的蛊惑，以至于那些颓废主义者把瓦格纳当作他们自我享受神经官能症的倡导人，由此从巴黎一直到彼得堡，为瓦格纳喝彩，为自己庆祝。尼采以为，与这些同时代人不一样，他有能力摆脱瓦格纳，因为他与他的关系虽然通过亲缘性，但没有通过同一性得到表明。当欧洲的颓废者受到瓦格纳传染时，尼采觉得自己仅部分地受到这种疾病的侵袭，他还足够地具备健康的意志和力量，其结果是，疾病没让他同那些顺服者一样疲惫不堪，相反刺激他去获得一种更充实的“生命”。他身上的哲学家使这种升华的生命之充实变得可能，即使不在他的此在进程中，也在他的思维进程里。

尼采诊断出的、作为瓦格纳式疾病独具特点的症状，是受过度刺激的敏感性，其性格和作品的不稳定性和跳跃性，是对于神经质的现代派的麻醉剂，以及对于残忍、虚假和所谓的无辜的寻求。瓦格纳创作的不是美妙的，而仅仅是有效果的音乐，它吸引大众，而剧院赖其为生。代替具有约束力的思想，在他那里充斥的是混乱和漫无边际，而后者表现为音乐上对旋律的放弃。代替旋律的是激情，大而无当的话语及象征的华丽和浮夸的趾高气扬，巨型思想群队的结集与迸发。瓦格纳的音乐以一种后基督教的拯救事业之姿态出现，它不想成为美，而想成为宗教，它不打算娱乐世人和肯定“生命”，而打算改变和改善生命。由此它彻底背离了18世纪和莫扎特，并沉湎于叔本华时代。尼采这么看。

对尼采来说，生理蜕化的艺术表达是总体上的损失，但有益于单个部分和被释放的颗粒。由于缺少整体的吸附力量，这些颗粒碎裂为独立的原子。而瓦格纳的作品仅在小处中，在个体的发明中，在单体的袖珍式安排中是伟大的。本质的匮乏，被通过欺诈性的戏剧效果和做戏时所有可能的技巧得以掩盖和替代。即使他那些音乐剧的情节，也让人感到缺少大的统一，而代替其位置的是带有最大可能之效果意图的、纷繁的单个场景。戏剧的所有因素，行为和罪行的心理动因，冲突的形成和彻底解决，在瓦格纳那里均告阙如。

因为他无法创造整体，只能制造片断，他必须为自己的音乐另外生产理论文献，以便于有另外的部分参与到那许多的部分中去。他的艺术无法满足自身，相反需要解释性的补充，而艺术家同时提供这样的东西。由此，作为德国观念论的后代，他把黑格尔的理念运用到艺术上，以此服务的是前者而非后者。这表现在瓦格纳暗中勉强做出的意味深长的摸索中，在他思维线条那任意的繁复及其连结里。除了同黑格尔的思想关系，尼采还在新建立的德意志帝国中寻找政治的对应，而这个帝国以其帝国的姿态，同瓦格纳音乐一样，要求它的臣民无条件地服从。

在两篇“附言”里，尼采再次总结他对瓦格纳的指责，说当德国人失去了对于危险的直觉以后，在瓦格纳面前比其他人更长久地保持了抵抗力，为的是能最激烈地遭遇他。他的主要谴责之一重复地指向戏剧和表演因素的繁文缛节，它们索要的不是一种良好的鉴赏力，而是大众的掌声。第二个主要指责，针对的是瓦格纳那暧昧的基督教信仰。尤其是他的《帕西法尔》，如此地虚假，让他对认识抱有深仇大恨。另外，尼采重申他对瓦格纳音乐的高度赞赏。除了他的音乐或者在他的音乐面前，没有任何其他音乐值得认真对待。因为瓦格纳尽管是一个颓废的艺术家，但不是其始作俑者，相反是其实施者。他坚定地把颓废推向极致，让其他所有的现代主义者与之相较，比如勃拉姆斯（Brahms），只做了一半的事。倘若回溯像亨德尔（Händel）或者罗西尼（Rossini）这样的往昔的大师，也没有人能与瓦格纳相提并论；因为对此缺少生理的条件，而没有它们就没有美。尼采再次强调每种审美观对于“生命”的依赖性，古典的之于健康的，颓废的艺术之于患病的。他在主人道德和基督教道德的对立的类比中看到了这个对比：前者肯定，后者否定“生命”。

11

前言

我让自己稍许轻松一下。要是我在这篇文章里以贬损瓦格纳为代价，来赞扬比才，[1]这不仅是纯粹的恶作剧。我在这众多戏谑中，提出一件容不得戏谑的事。背弃瓦格纳，曾是我的一个命运；此后重新喜欢上什么，是一个胜利。也许，没人更危险地同瓦格纳主义有过不解之缘，没人曾更坚决地对此顽强抵抗，没人为能摆脱他而如此兴奋异常。一段漫长的历史！[2]——想要用一个词描述它吗？——倘若我是道德

---

1. 比才（Georges Bizet，1838—1875）：法国作曲家。他所创作的歌剧有《采珠者》(1863)，《卡门》(1875)。1888年12月，尼采在从都灵写给富克斯（Carl Fuchs）的一封信中，对自己关于比才的话作了限定："关于我就比才讲的话，您不能把它当真；就我本人来说，有千百次的机会，比才也不会在我的考虑之内。不过，作为反瓦格纳的讥讽性反命题，它具有强烈的效果[……]。"
2. 一段漫长的历史！：1868年11月8日，尼采在莱比锡认识瓦格纳一家。1869年起，在卢塞恩附近的特里布申，通过对瓦格纳的不断造访，这种认识关系得到加强。在《来自音乐精神的悲剧的诞生》(1870—1872）和《不合时宜的沉思》(1876）第四篇中，尼采还断言他的哲学和美学立场同瓦格纳作品的一致性。不过，在1876年8月，值第一次拜罗伊特节庆演出的排演之际，在瓦格纳和尼采之间，已经出现生疏的迹象。接着在1878年，友谊彻底破裂。

家，谁知道我会如何指称它！也许用自我克制。——但哲学家不喜欢道德家……也不喜欢漂亮字眼……

一个哲学家对自己最初和最终要求什么？在自己身上克服他的时代，做到“不受时代限制”。他凭借什么来征服他最大的难题呢？凭借他身上恰恰让他是其时代产儿的东西。妙极了！我和瓦格纳一样是这个时代的产儿，可说是颓废者。但只有我领会这个事实，只有我与之抗争。我心中的哲学家与之抗争。

一直让我伤透脑筋的，其实正是颓废[1]问题，——对此我不无理由。“善与恶”[2]只是这个问题的一个变种。谁练就了对
没落征兆的一副眼光，谁就理解了道德，——理解了，在其 12
最神圣的名称和价值公式下隐藏了什么：贫乏的生命，终结的意志，[3]极度的疲惫。道德否定生命……为了完成这样的使

---

1. 颓废者……颓废（décadent［……］décadence）：尼采从法国作家布尔热（Paul Bourget，1852—1935）的作品中引用这个概念。在其《现代心理学论集》（1883）中，在讨论法国恶魔和象征派作家波德莱尔（Charles Baudelaire，1821—1867）作品的关联中，颓废被定义为面对使人疲惫无力的整体，单个因素的无序。这个形式上的定义被用在生理的蜕化、审美形式和文化价值的损耗，以及用在对统治权的民主化拆解上。布尔热根据法国的传统，把这个词同一种积极的（自我的—）理解联系起来，而尼采则带着批评的意图使用这个词。
2. “善与恶”：参见尼采的论著《善恶的彼岸》（1886），《论道德的谱系》（1887）。在那里，对于道德的价值评判的起源，被几乎从自然历史的，亦即从它那方面讲在道德之彼岸发展的人类历史出发，用权力意志的观点得到解释。
3. 贫乏的生命，终结的意志：尼采把“权力意志”理解为所有生命体的基本原则（《查拉图斯特拉如是说》，第二部：“自我克制”，1883），那是所有生命体对于保存和升华自己的此在条件的趋向。权力意志是所有价值确立和价值评判的最高观察角度。西方基督教面向一种神圣的彼岸世界。就尼采来看，（转下页）

命，我迫切需要自律：——反对我身上一切病态的东西，包括瓦格纳，包括叔本华，[1]包括整个现代的“人性”。——一种深层次的疏离，冷漠，清醒，以反对一切时代的、合时宜的东西：作为最高愿望，具有查拉图斯特拉[2]的眼光，一种眼光，它从遥远的天际，俯视人间万象，——自己身下……什么东西不值得为这样一个目标去牺牲呢？这是怎样的一种“自我克制”！怎样的一种“自我否定”！

我最伟大的经历是一种痊愈。[3]瓦格纳仅仅属于我的疾病。

对于这种疾病，我并非不愿心存感激之情。如若我在这篇文章中坚持认为，瓦格纳有害，我更愿意坚持认为，尽管如此对谁他是不可或缺的——对哲学家。否则的话，别人没

（接上页）即使在这样一种自我克制的道德中，不过以反常的形式，这个生命意志也作用非常。权力意志的自我克制的尺度，展现出西方基督教理想的危机和病变的程度。

1. 叔本华（Arthur Schopenhauer，1788—1860）：德国哲学家，以他的著作（《充分根据律的四重根》，1813；《论视觉和颜色》，1816；《作为意志和表象的世界》，两卷，1819；《自然界中的意志》，1836；《伦理学的两个基本问题》，1841；《附录和补遗》，两卷，1851）影响了瓦格纳和尼采。叔本华的理论是，时空上能想象的形态繁多的世界，可以归溯到一个世界意志的因果关系上无法辨识的根源上。对他来说，一切自然的事件，仅仅被误以为屈从于自由的人类的行为。个体只能暂时地在艺术的关照里，或者最终在意志的道德自我否定中，以及出于同情的经验，结束人们通过自私的蒙蔽而互相造成的痛苦。在《不合时宜的沉思》（1874）第三篇中，尼采还把叔本华视为对立面，自从《人性的，太人性的》（1878）起，视其为同时代文化衰败的表现。

2. 查拉图斯特拉（Zaraturtra）：是《查拉图斯特拉如是说》（1883—1885）中的书名人物，宣告了尼采的超人学说。

3. “自我克制”[……] 痊愈：对作家自传的暗指，同时也是尼采文献的自我引文。参见《查拉图斯特拉如是说》，第二部“自我克制”和第三部“痊愈者”。

有瓦格纳，也许能够将就；但哲学家不能缺少瓦格纳。哲学家必须是自己时代负疚的良心，——为此他必须具有关于这个时代的最佳知识。不过，为了对付现代灵魂的迷宫，他在哪里找得到一个知情的向导，一个比瓦格纳更能言善辩的灵魂专家？现代性通过瓦格纳说出它那最隐秘的话语：它既不隐其善，亦不掩其恶，它丢弃了所有的廉耻心。相反，如果人们对瓦格纳身上的善与恶洞若观火，也就几乎已对现代的价值作了一次清算。——倘若今天有一个音乐家说："我憎恨瓦格纳，但我无法再忍受其他的音乐"，那我完全理解。可我也会理解一个哲学家，要是他申明："瓦格纳概括了现代性。人们只能先当一回瓦格纳的追随者，别无他法……"

笑着说严肃的事……[1]

1888年5月都灵来信

1

我昨天——您会相信吗？——第二十遍听了比才的杰作。[2] 又一次带着柔顺的虔诚之心坚持到最后，又一次没有跑开。战胜我那不耐烦的这个胜利让我吃惊。这样一部作品怎样让人变得完满！人们自己由此也成为“杰作”。——真是这样，每当我聆听《卡门》，[3] 我觉得自己比以往任何时候更是哲学

---

1. 笑着说严肃的事：（ridendo dicere severum ...）。根据贺拉斯的自由模仿；“微笑着说出真理，这有什么阻碍？”（Quamquam ridentem dicere verum quid vetat?）（Satiren，I，1，24）
2. 比才的杰作：指的是1872—1875年谱曲的歌剧《卡门》，根据梅里美（Mérimée）的同名中篇小说改编。1875年10月，一个音乐方面获得扩展的版本在维也纳获得延续至今的世界声誉。尽管那把女工、走私者、吉卜赛人和小市民出身的士兵搬上舞台的现实主义歌词开始时受到攻击，但那颇具民间风情的音乐，不久就被视为西班牙音乐的集中体现。
3. 每当我聆听《卡门》：1881年11月27日，尼采在热那亚首次听比才（转下页）

家，一名更出色的哲学家：变得如此宽容，如此幸福，如此印度式，如此着迷……五个小时端坐一处：神圣的第一个阶段！——能允许我这样说吗？比才的管弦乐几乎是我唯一能忍受的。任何其他现在风行一时的管弦乐，瓦格纳式的音乐，是野蛮的、做作的，同时是“无辜的”，由此同时诉诸现代灵魂的三种知觉，——这种瓦格纳式的管弦乐对我来说是多么有害！我称其为塞洛库。[1]听到它，我身上就冒出一阵令人讨厌的汗水。我的好心情就消失在九霄云外。

这样的音乐我觉得完美无缺。它来得轻松优雅，带着礼貌谦恭。它亲切和蔼，不令人出汗。“美好的东西是轻松的，一切的神圣迈着轻盈的步子[2]走来”：这是我审美的第一准则。这样的音乐是调皮的，精巧的，宿命的：因而它是流行的——它具有一个种族而不是一名个体的精美。它是丰富的。 14
它是精确的。它建设，组织，被完成：由此它与音乐中的枝蔓，与那“无休止的旋律”[3]形成对照。人们可曾在舞台上听

（接上页）的歌剧，最后一次是1888年初在都灵，那时他正在写《瓦格纳事件》；他总共看了约二十次的演出。

1. 塞洛库：（Schirokko）来自南方的地中海暖风，经常从撒哈拉带来沙尘。
2. 美好的东西是轻松的［……］步子：尼采的一种舞蹈节奏原则，同希腊众神的使者赫尔墨斯（Hermes）那有翼的脚有类似处，以区别于日耳曼人那笨拙的腿。
3. 无休止的旋律：首先由瓦格纳在其文章《未来的音乐》（1860）中确立的表达方式，指的是一个戏剧场景中，乐队的无休止的旋律伴奏。自从音乐剧《特里斯坦与伊索尔德》（1857—1859创作）以来，瓦格纳坚持运用这一创作技巧。比才那修订的《卡门》版本，相反以大歌剧为依据，在咏叹调中，合奏同简洁的曲调插入，以及宣叙调，它们虽然浑然一体，但还是清楚地互相有别。

见过比这更痛苦和更凄惨的音调吗？这是如何做到的！没有装神弄鬼！没有乔虚作假！没有宏大风格的谎言！——总而言之：这样的音乐视听众为聪明人，甚至把他们当作音乐家，——由此它成了瓦格纳的对立面。不管怎样，瓦格纳一定是世上最无礼的天才（瓦格纳仿佛这样对待我们——他不断重复同一件事，直到别人绝望，——直到别人相信它）。

另外，当这个比才对我诉说时，我成了一个更好的人。一个更好的音乐家，一个更好的听众。难道还能更好地聆听吗？——我把双耳更深地埋入这个音乐，我听见了它的原因。我觉得，我经历着它的诞生——面对伴随某种大胆行动的危险，我浑身震颤，我为幸福的情景感到狂喜，而比才对此是无辜的。——真是奇特！其实我没有想到，或者不知道，我是如何地想到了这点。因为，聆听音乐时，我脑海里浮现的是全然不同的想法……可曾有人发觉，音乐解放精神？能给思想插上翅膀？一个人越是音乐家，就越是哲学家？——抽象的灰色天际犹如划过一道闪电；光线强烈，足以照亮事物的所有细部；宏大的问题几乎已能把握；人们犹如能伫立山巅，俯瞰世界。——我刚才给哲学的激情下了定义。——答案不期而至，掉入怀中，宛如一个由智慧和冰块、由被解决的问题组成的小冰雹……我身在何处？——比才让我变得多产。一切的善让我变得多产。可我没有任何其他的谢意，对于什么是善，我也没有其他的证明。——

2 15

这部作品也能拯救；瓦格纳不是唯一的“拯救者”。有了这部作品，人们可以同潮湿的北方告别，同瓦格纳理想中的所有水汽[1]告别。情节就能拯救。它从梅里美[2]那里得到了热情[3]中的逻辑，最短的线索，严酷的必然；但主要的，它具有属于热带地区的干燥的空气，以及空气中的清澈。在这里，就任何方面来说，气候都变了。这里诉说的是另一种爱欲，另一种敏感性，另一种欢快。这种音乐是欢快的；但不是一种法国式的或者德国式的欢快。它的欢快是非洲式的；它的上空笼罩着厄运，它的幸福短暂，突然，不带宽恕。我羡慕比才，具有表达这种敏感性的勇气，——这种更南方的、更褐色的、被太阳晒得更黑的敏感性……在有教养的欧洲音乐中，这样的敏感性至今未曾找到自己的表达方式。其幸福犹如金色的午后让我们感到舒畅！聆听着这样的音乐，我们极目眺望：我们何曾见到大海如此平静？[4]——那摩尔人的舞

---

1. 潮湿的北方［……］水汽：同温克尔曼（Johann Joachim Winckelmann）《古代艺术史》（1764）相关。此书从地理和气候位置出发，说明北方和地中海艺术之差别的缘由。
2. 梅里美（Prosper Mérimée，1803—1870）：这个法国作家写下中篇小说《卡门》（1845），讲士兵唐·豪瑟对吉卜赛姑娘卡门的情杀。
3. 热情（Passion）：有狂热（Leidenschaft）、受难（Leiden）的含义，特别指基督受难史（Leidensgeschichte Christi）。
4. 大海如此平静：里查德·瓦格纳曾反复地使用被搅动的大海深处这样的修辞，作为对和声技巧之现代发展的比喻（比如在《歌剧和戏剧》，1850—1851，第三部分，第四节）。尼采的比喻对瓦格纳的无休止的旋律和持续行进的和声展开论战，赞同比才那局限在古典风格上的旋律学和和声学。对节奏学（转下页）

曲[1]多么平和地对我们劝说！甚至我们的贪得无厌在其挑逗性的忧伤中，如何一下子学会满足！——最后是爱，那复归于自然的爱！不是一个“高贵的少女”[2]的爱！不是森塔的多愁善感！[3]而是作为事实、作为厄运的爱，玩世不恭，[4]无辜又残忍——而自然本真恰在其中！这种爱，就其手段来说是战争，就其根本来说是两性间的深仇大恨！——我不知道还有这样的例子，在那里，组成爱之本质的悲剧性幽默，得到如此严肃的表达，并且如此可怕地成为公式，就像在唐·豪瑟最后的悲鸣中，作品这样结束：

（接上页）同样如此。1888年8月底（日期不定），在给富克斯的信中，尼采对以音节长度为准的、跳跃性的和古代的时间节奏性，和以音节重音为准的、日耳曼式笨拙的效果节奏性，进行区别。古代的节奏表达的是其受约束的平静，现代的瓦格纳式节奏性，是放纵的表达手段。比才的音乐具有跳跃式的时间节奏。

1. 摩尔人的舞曲：19世纪中叶起在民族风格的古典音乐中被接纳的安达卢西亚（Andalusien）的民间音乐，特别是弗拉门戈舞（Flamenco）的歌唱和跳舞的音乐。弗拉门戈舞曲可以回溯到摩尔人的，但也可以回溯到犹太人的传统。它就是比才那有西班牙色彩的音乐，但同吉卜赛人的音乐传统也有差别。
2. “高贵的少女”（höheren Jungfrau）：来自“圣洁的少女”（reiner Jungfrau）和有教养的“高贵的女儿”（höheren Tochter）的混合组合。在瓦格纳《唐豪瑟》第二幕里，伊丽莎白这样自称，指涉圣母玛利亚。
3. 森塔的多愁善感：暗指瓦格纳歌剧《漂泊的荷兰人》中女性拯救者形象森塔。
4. 玩世不恭（zynisch）：毫不留情的，伤人的，肆无忌惮的。玩世不恭可以归溯到古代的犬儒主义者。希腊哲学家安提西尼（Antisthenes，前444—前368），反对柏拉图的理念论，反对传统国家和宗教，提倡他那清心寡欲的理念；而西佩诺的第欧根尼（Diogenes von Sinope，前412—前323）加强了这种玩世不恭的态度，对所有的文化价值，表现出所谓的肆无忌惮的蔑视。

“是的！我杀死了她

我——杀死了我崇拜的卡门！”

——对爱的这样一种理解（唯一一种对哲学家有价值的爱——）是罕见的：它让一部艺术作品在千百部其他作品中独树一帜。因为一般说来，艺术家的工作同普通世人并无二致，甚至更糟——他们误解爱。就是瓦格纳也误解了爱。他 16
们以为自己在爱中是无私的，因为他们想让另一个生灵获得利益，常常违背自己的利益。可是，他们为此却想占有另一个生灵……即使上帝也不例外。他绝对不会去想“倘若我爱你，这与你有何相干？”[1]——如若别人不反过来爱他，他会勃然大怒。爱是一切感情中最自私的，所以，倘若受到伤害，它最不宽容。（贡斯当）[2]——凭借这句箴言，人们在神灵和他人之间，保留自身之权利——

3

您已经看到，这个音乐如何地改善了我吗？——音乐应

1. 倘若我爱你，这与你有何相干：出自歌德：《威廉·迈斯特的学习年代》IV，9；《诗与真》III，14。基于对哲学家斯宾诺莎（Spinoza，1632—1677）著作《伦理学》（1677）的阅读，歌德在这里发展了无私之爱的概念。
2. 爱是一切感情中最自私的，所以，倘若受到伤害，它最不宽容。（L'amour erst de tour les sentiments le plus égoïste，et，par consequent，lorsqu'il est blessé，le moins généreux.）：出自自由主义怀疑论的文化批评家贡斯当（Benjamin Constant de Rebecque，1767—1830）的分析小说《阿道尔夫》（1816）的、略有简化的引文。贡斯当1802年被拿破仑流放，流亡期间与斯塔尔夫人一起生活。

该地中海化：[1]我有理由相信这个准则（《善恶的彼岸》）。要返回自然，[2]健康，快活，青春，德行！——可我还是一个最堕落的瓦格纳追随者……我曾经能够，认真对待瓦格纳……唉，这个老巫师！[3]他向我们都玩了什么把戏！他的艺术首先向我们提供的，是一面放大镜：抬眼望去，人们不敢相信自己的眼睛——一切都变大，甚至瓦格纳自己也变大……一条多么聪明的响尾蛇！[4]它一生对我们念叨着“投入”“忠诚”“纯洁”，[5]又带着对贞洁的一声赞叹，自己却从这个堕落的世界里抽身而出！——而我们对它深信不疑……

——您没听见我说话吗？您自己宁愿要瓦格纳的问题而不要比才的问题吗？即使我也不低估瓦格纳的问题，它自有其魅力。拯救的问题自身是个可敬的问题。除了对拯救，瓦格纳从未这么深入地思考过其他问题：他的歌剧是拯救的歌剧。总是有人想在他那里不断地得到拯救：有时是个小男人，有时是个小女人——这是他的问题。——他多么变化多端地

---

1. 音乐应该地中海化（Il faut méditerraniser la musique）：参见尼采《善恶的彼岸》（1886），§255，他在那里这样发展自己的思路：“音乐必须摆脱北方的影响［……］一种更深沉，更强大，也许更邪恶和更神秘的［……］超德国的音乐的序曲，而这样的音乐面对湛蓝的、欢快的大海和地中海沿岸那明澈的天际，不会隐没［……］”
2. 返回自然：暗指“回归自然！”这句话。它错误地被以为出自法国作家，文化批评家卢梭（Jaques Rousseau，1712—1778）笔下。
3. 这个老巫师：暗指瓦格纳音乐剧《帕西法尔》中的巫师克灵索尔。
4. 聪明的响尾蛇：也许暗指天堂中原罪发生时的蛇（《创世记》3），同时也许暗指，啪嗒作响地，讥讽瓦格纳音乐形式的戏剧表演。
5. “投入”“忠诚”“纯洁”：参见《不合时宜的沉思》§2。

演绎着自己的主导母题！[1]多么罕见的、意味深长的转移！如若不是瓦格纳，谁又能告诉我们，无辜者喜欢拯救有趣的罪人？（《唐豪瑟》[2]里的例子）或者甚至那永世漂泊的犹太人也将得到拯救，定居下来，倘若他结婚？（《漂泊的荷兰人》[3]中的例子）或者那堕落的老女人更愿意，被纯洁的少男拯救？（《昆德里》[4]的例子），或年轻的歇斯底里症患者更喜欢被他们的医生所‘拯救’？（《罗恩格林》的例子）或者那美丽的姑娘 17

1. 主导母题（Leitmotiv）：1876年由沃尔措根（Hans von Wolzogen）对瓦格纳作品使用的术语；指具有特征的音乐母题，为了对戏剧的情境和人物的心理，进行思想和心理的刻画而出现，并获得变奏。

2. 无辜者［……］唐豪瑟：在瓦格纳的浪漫歌剧《唐豪瑟和瓦特堡的赛歌会》（1843—1845）里，由于对维纳斯的赞歌——同高贵的宫廷情歌不同，它代表着感官的爱——，唐豪瑟丢尽了脸面。图林根的伊丽莎白彻底断绝自己对他的爱。只有她那圣徒般的范例，才阻止被教皇驱逐的唐豪瑟，返回维纳斯堡，使对他那过失的神妙的宽恕成为可能。瓦格纳的构思，把来自诗集《男孩的奇妙号角》，海涅（Heinrich Heine）的讽刺诗《唐豪瑟》以及霍夫曼（E.T.A. Hoffmann）的《塞拉皮翁兄弟》中的浪漫主义的来源汇集一处。

3. 永世漂泊的犹太人［……］《漂泊的荷兰人》：关于名叫亚哈随鲁（Ahasver）的漂泊的犹太人的传说，取自《旧约·以斯贴记》，首先在中世纪盛期的典籍中被提到。据说，亚哈随鲁催赶过背负十字架的基督。打这以后，他被判决永世迷失方向，直到基督的复活。瓦格纳提及这个中世纪的基督教的流传故事，把它同海涅《施纳贝勒沃普斯基先生的回忆录》（1831）中描写的漂泊的荷兰人的传说联系起来。这个荷兰人在这部1840—1841完成的歌剧里，被诅咒要永远地在海上航行，每七年才能上一次岸，寻找一个忠实的、最后能拯救他的女人的爱情。他在森塔身上找到了这个女人。最后，她通过自己的献身把他从歧途中解救。

4. 老女人［……］《昆德里》：暗指瓦格纳最后的音乐剧，仅在拜罗伊特可以上演的舞台节日祭祀剧《帕西法尔》（1882年完成），根据艾申巴赫（Wolfram von Eschenbach）的中世纪史诗改编。瓦格纳以一种基督教和叔本华理念的综合，演绎出无知和无辜的愚人帕西法尔的寓言故事。帕西法尔只有通过同情的力量，把重病在身的圣杯守护人阿姆佛塔斯，和被判决永恒地轮回的女子昆德里，从巫师克灵索尔那邪恶的魔力中解救出来。

最喜欢由一个骑士来拯救，而他又是一个瓦格纳的追随者？（《工匠歌手》[1]中的例子）或者那些已婚女子们也喜欢被一个骑士拯救？（《伊索尔德》[2]的例子）或者那“年迈的天神”，道德上在任何方面都颜面扫地之后，最终被一个无神论者和不道德者拯救？（《指环》[3]中的例子）请您特别留意欣赏这最后的深意！您理解它吗？我——小心地防止自己去理解它……从上述那些作品里，大可得出别的教益，这是我宁愿去证明而非去驳斥的事。人们有可能被一部瓦格纳式的芭蕾舞剧逼入绝望——和逼入德行！（再次看唐豪瑟[4]的例子）这会造成

---

1. 美丽的姑娘［……］工匠歌手：在1867年完成的音乐剧《纽伦堡的工匠歌手》里，骑士瓦尔特那天才的自然纯朴的歌声，未得到纽伦堡传统的工匠歌手们的认可。工匠珀格纳决定，女儿爱娃将成为一次歌唱比赛中胜者的未婚妻。爱娃已经爱上了瓦尔特。鞋匠和诗人汉斯·萨克斯（根据诗人和工匠歌手的历史形象，1496—1576），一个起调解作用的人民代表，放弃参加这场音乐—情爱的竞赛，设法让瓦尔特战胜贝克迈塞，那个吹毛求疵的竞争对手，赢得新娘。
2. 已婚女子们［……］伊索尔德：在1859年完成的音乐剧《特里斯坦与伊索尔德》（根据戈特弗里德·封·斯特拉斯堡，约1219年的宫廷小说和赫尔曼·库尔茨1844年间的编译自由改编）中，特里斯坦为了他的舅父，英国国王马尔克，向爱尔兰公主伊索尔德求婚。由于爱情的魔汤，伊索尔德和特里斯坦坠入违反宫廷世界所有传统的、悲剧性和致死的爱河。
3. “年迈的天神”［……］《指环》：暗指1853—1872年间完成的四部剧《尼伯龙族的指环》，是一部“得在三天加一个傍晚演出的舞台节日剧”，由“莱茵的黄金”，“女武神”，“西格弗里德”和“神界的黄昏”组成。这里暗指在最后两部分里，通过由于无知而犯罪的西格弗里德的行动，沃坦和众神得到拯救。瓦格纳参照了富凯（de la Motte-Fouqués）的《北方的英雄》（1808—1810），中世纪的《尼伯龙根之歌》以及《古埃达》。
4. 瓦格纳式的芭蕾舞剧［……］唐豪瑟：暗指分成两部分的《唐豪瑟》序曲：首先是也组成歌剧结尾的、朝圣者虔诚的赞美诗和进行曲；然后是烘托维纳斯山场景的、有性爱和放荡色彩的芭蕾舞音乐。

最糟糕的后果，倘若人们不按时上床睡觉（再次看罗恩格林[1]的例子）。人们永远不该知道得太清楚，自己其实同谁结为夫妻（第三次《罗恩格林》的例子）——《特里斯坦与伊索尔德》美化了那个堪称典范的丈夫，而他在某个场合里只有一个问题："你们为什么不早些告诉我这个？没有什么比这更简单了！"回答是：

"这我不能告诉你；
你所问的，
你永远无法知悉。"[2]

《罗恩格林》包含有一条对于探究和提问的严正禁令。 18
瓦格纳以此代表了基督教观念"你应该和必须相信"。科学的态度，这是对最高、最神圣者的一种犯罪……《漂泊的荷兰人》宣扬着高尚的教义，即女人可以拴住最飘忽不定的游子，用瓦格纳追随者的话说，可以"拯救"他。这里请允许我们提一个问题。假设这是真的，那么这值得希望吗？——那个

1. 最糟糕的后果［……］罗恩格林：《罗恩格林》，浪漫歌剧，1846—1847年创作。基督教圣杯骑士罗恩格林，帕西法尔的儿子，为正义和无辜斗争，但只能隐姓埋名地逗留在一个地方。在一次神的审判中，他证明了被控告有杀弟之罪的布拉班特的艾尔莎的无辜。由于敌人的一次阴谋，当艾尔莎同罗恩格林结婚时，她在新房里被诱导，询问罗恩格林的来历。罗恩格林不得不离开她；他对她预告了，她那被认为已死的弟弟将复活。
2. 这［……］知悉：《特里斯坦与伊索尔德》第二幕将近结束时，针对马尔克对其外甥和朋友抱怨的提问，特里斯坦的回答。

被女人爱慕和拴住的“永世漂泊的犹太人”，以后会成为什么？他仅仅停止永世漂泊；他结婚，同我们不再有任何关系。——转换到现实中[1]：对艺术家和天才的威胁——当然也是对“永世漂泊的犹太人”的威胁——来自女人：爱慕着的女人是他们的毁灭。几乎没有人具有足够坚强的性格，不被腐化——即不被“拯救”，倘若他觉得自己受到上帝般的对待：——他立刻俯就于女人。——在所有永恒的女性跟前，男人是胆小鬼：[2] 小女人们知道这点。[3]——在许多女人的爱情故事里，爱情只是一种精致的寄生方式，是对一颗陌生灵魂的进入，间或是对一个陌生肉体的进入——唉！总是以“宿主”的支出作为代价！——

大家知道歌德[4]在伪善的老处女似的德国的命运。对德国人来说，他总是有伤风化，他只在犹太女人中间有真正的崇

---

1. 转换到现实中：暗指瓦格纳同柯西玛·封·比洛，娘家姓李斯特（Cosima von Bülow，geborener Liszt，1837—1930）的关系。婚礼在 1866 年米娜·瓦格纳去世，和 1870 年柯西玛同瓦格纳的乐队指挥及瓦格纳的追随者汉斯·封·比洛（Hans von Bülow）离婚才得以可能。瓦格纳在拜罗伊特节庆演出计划的实现，与同柯西玛的婚姻时代是同时发生的。瓦格纳去世后，直到 1908 年，柯西玛保持有演出的艺术指导位置。

2. 在所有永恒的女性跟前，男人是胆小鬼：暗指歌德《浮士德》第二部的最后诗句：“永恒的女性 / 引导我们向上。”瓦格纳把这“永恒的女性”确定为，通过追求爱情的女性化音乐，对于男性的创作理智的逗引（《歌剧与戏剧》，第二部分，第六节）。

3. 小女人们知道这点：暗指《查拉图斯特拉如是说》第一部的“老妇和少妇”中描绘的女性图像。

4. 歌德：以下关于歌德的见解，尼采取自黑恩（Viktor Hehn）的《关于歌德的思考》（柏林 1887），尤其是“歌德和读者”那一章（第 49—185 页）。

拜者。[1]而席勒，那个“高贵”的席勒，却在他们耳边大话连篇，——他才是令他们称心如意的人。他们指责歌德什么呢？指责那座“维纳斯山”；指责他写了威尼斯警句诗。[2]克洛普斯托克[3]已对他作了一次道德说教；曾有一段时间，当赫尔德[4]谈起歌德时，喜欢使用“普里阿普斯”[5]这个词。甚至威廉·迈斯特也仅被视为没落的征兆，道德的“毁灭和堕落”。书中那“驯服的动物的园囿”，主人翁的“微不足道”，比如这样激怒了尼布尔：[6]他终于爆发出了一阵悲叹，而这样的悲叹应该可以由毕特罗夫[7]唱出：“没有什么比这更令人感到痛苦了，

---

1. 只在犹太女人中间有真正的崇拜者：参见黑恩，同上，第 139 页。
2. 维纳斯山［……］威尼斯警句诗：尼采在这里把唐豪瑟的神话同歌德的生平和创作联系起来。《威尼斯警句诗》产生于歌德意大利旅行（1786—1788）的两年后。面对加斯特（1888 年 8 月 15 日）的提问，尼采（1888 年 8 月 18 日）回答说，他指的不是《罗马哀歌》，而是《威尼斯警句诗》。根据黑恩的说法，它曾引起人们最大的不满。这主要指的是警句诗 66：“我的耐心很大。大多数烦累的事物，/ 我都安然忍受，听从神意。/ 可也有少数几样，我恶之如毒液和蛇；/ 有四种：烟草、臭虫、大蒜和十字架。”
3. 克洛普斯托克（Friedrich Gottlieb Klopstock，1724—1803）：德国诗人，以他的史诗《救世主》和他的颂歌，为狂飙突进的文学时代作了铺垫。
4. 赫尔德（Johann Gottfried Herder，1744—1803）：德国哲学家和文学家，“狂飙突进”时代的理论家，德国古典主义的开拓者，自 1770—1771 年同歌德一起在斯特拉斯堡逗留起，与歌德结下友谊。
5. 普里阿普斯（Priapos）：希腊神话人物，狄奥尼索斯和阿佛洛狄特的儿子。由于他的好色和作为淫乐之神，长有一个硕大的阳具。
6. 尼布尔（Barthold Georg Niebuhr，1776—1831）：德国历史学家和普鲁士驻梵蒂冈的特使。
7. 毕特罗夫：瓦格纳歌剧《唐豪瑟》第二幕中的人物。毕特罗夫是唐豪瑟赛歌会对手中的一个。针对唐豪瑟感官之爱的理想，毕特罗夫代表了高贵的宫廷情歌的传统形式。为此，骑士作为德行捍卫者必须拔剑出场。

倘若一颗伟大的灵魂折断自己的翅膀，它舍弃更崇高的事物，
19 在低级鉴赏力中追求艺术的卓越”……而首先是高贵的少女被激怒了：德国所有的小宫廷，所有类型的“瓦特堡”，[1] 面对歌德，面对歌德作品中那“不洁的灵魂”[2]，都要在自己胸前画十字。——瓦格纳把这个故事置入了音乐。他拯救了歌德，这不言而喻；但他以聪明的方式，同时站到了高贵的少女的一边。歌德获得拯救：——一次祈祷挽救了他，一个高贵的少女引他向上……[3]

——歌德对瓦格纳会作何感想？——歌德有一次曾自问，笼罩在所有浪漫主义者上方的危险是什么：即浪漫主义者的

---

1. “瓦特堡”：艾森巴赫西南方向的城堡，根据传说，由施普林格的路德维希（Ludwig dem Springer）1067 年建造，俯瞰着从图林根去法兰克福的大道。在图林根的侯爵路德维希三世（Ludwig III，1172—1190）和赫尔曼一世（Hermann I，1190—1213）时代扩建。从 1211—1227 年住在宫廷的，是投身于穷人事业的圣·伊丽莎白（die heilige Elisabeth），城堡成为骑士和宫廷文化的中心。在中世纪关于“赛歌会”的歌词手稿中，有对于此事的反映。手稿中也记有，在关于侯爵赏识和基督教的争论中，匈牙利的歌手和巫师克灵索尔被埃申巴赫（Wolfram von Eschenbach）战胜。1817 年，为了纪念宗教改革（路德于 1521 年在瓦特堡上受到庇护，在那里翻译了《新约》）和纪念 1813 年的莱比锡的民族大会战，德国大学的学生和教授在瓦特堡上汇集，庆祝学生社团节。尼采在这里以批评的态度，把它用作德意志国家四分五裂的状况的化身，而这样的状况还在“帝国”中继续着（参见他 1888 年 10 月 18 日从都灵给弗朗茨·欧文贝克的信）。
2. 歌德作品中那“不洁的灵魂”：参见雅各比（Friedrich Heinrich Jacobi，1743—1819），作家和哲学家，1795 年 2 月 18 日的一封信。引自黑恩，《关于歌德的思考》，第 110 页。
3. 瓦格纳把这个故事［……］引他向上：尼采在这里把同唐豪瑟故事相应的歌德的生平，再次回溯到《浮士德》第二部中结尾的诗句：“永恒的女性引导我们向上。”——伊丽莎白的祷告在《唐豪瑟》II，1. 中。

厄运是什么。他的答案是："在反刍道德和宗教的荒谬时窒息而死。"[1]简而言之：帕西法尔[2]——哲学家为此已写好了一篇后记。神圣——也许这是民众和女人认识到的，最后有较高价值的东西，是为所有天生目光狭隘之人设立的理想的天际线。哲学家们以为，每一种天际线，都是一种纯粹的误解，是当他们的世界才开始的时候，某种关门的动作——这是他们的危险，他们的理想和他们的愿望……礼貌地讲：对大众来说，哲学是不够的。他们还需要神圣。[3]

4

——我还要讲一下《指环》的故事。这里谈它正合适。即使它也是一个拯救的故事：只不过这次得到拯救的是瓦格纳自己。——在半生的时间里，瓦格纳笃信革命，[4]就像某个法国人相信革命一样。他在神话的鲁能文字[5]中寻找它，他以

1. 在反刍［……］时窒息而死：1813年10月20日歌德给策尔特（Zelter）的信，涉及浪漫主义作家施莱格尔（Friedrich Schlegel，1772—1829），早期浪漫主义艺术观的奠基人，1808年归依天主教。
2. 帕西法尔：在这里被同作为保守的、倒退到天主教的文学浪漫主义作家比照。
3. 对大众［……］神圣（la philosophie ne suffit pas au grand nombre. Il lui faut la sainteré.）引自法国宗教学家勒南（Ernest Renan，1823—1892）的《耶稣传》（巴黎1863，第451页）。他试图把基督教传说和历史的科学协调起来。
4. 瓦格纳笃信革命：1849年，非直接地参加德累斯顿的革命起义，瓦格纳被迫流亡瑞士。在他的文章里，重点从政治革命向"反对艺术公开化"的美学革命转移（《致我的朋友们的一个通告》，1851年，全集，第五卷，莱比锡1907年，第262页）。也请参见瓦格纳1848—1849年间的革命文章。
5. 神话的鲁能文字：鲁能是古日耳曼人的书写文字，其单个的名称同有魔力的意义相连，而这些意义可以回溯到日耳曼人的神祇故事和英雄神话上。

为在西格弗里德身上找到了典型的革命家。——“世界上的一切灾祸从何而来？”瓦格纳问。来自“古代的契约”[1]：他回答，
20 同所有的革命意识形态家一样。用德语说就是：来自风俗，法律，道德，机构，来自古代世界和古代社会赖以生存的一切东西。“如何从世界里清除灾祸？如何废除古代社会？”只有通过向“契约”（向传统，向道德）开战。西格弗里德这么做了。[2]他很早就开始这么做：他的出生已经是对道德的一次宣战——他是由于通奸和乱伦来到世上的……传说不是这样，瓦格纳才是这种极端特征的发明者；在这点上他纠正了传说……西格弗里德如他开始时那样，继续发展：他只听从第一冲动的召唤，他抛弃所有的传统，所有的敬畏和所有的恐

---

1. “古代的契约”：在他早年的莱比锡年代里，研究了德国理想主义以后，瓦格纳在1849年的德累斯顿革命圈中，接触了法国哲学家蒲鲁东（Pierre Joseph Proudhon，1809—1865）无政府主义的、质疑资产阶级财产关系的文章，以及德国左派黑格尔主义哲学家费尔巴哈（Ludwig Feuerbach，1804—1872）的唯物主义理论。四部连篇的音乐剧《尼伯龙族的指环》可以被解释为对社会之权力纠葛的阐明。沃坦在《莱茵的黄金》中，同巨人发夫纳和发索尔特订立契约，建造众神城堡沃尔哈尔。为了遵守契约的报酬规定，沃坦夺取了隐身盔，以及尼伯龙族的侏儒阿尔伯里希用抢来的黄金铸成的、用来统治世界的指环。那个受到阿尔伯里希诅咒的指环，只会给任何占有者带来灾难。为了独占指环，发夫纳击倒自己的兄弟。
2. 西格弗里德这么做了：在四部连篇剧《指环》第一部分中，指环和契约的悲剧似乎暂时由于西格弗里德的出生而被搁置。有违所有的传统，西格弗里德的（从另一方面讲，由沃坦非婚生的）父母西格蒙特和西格琳德在通奸和孪生兄妹的乱伦中，生下西格弗里德。作为传统婚姻的维护者，沃坦的妻子弗丽卡坚持要这对兄妹去死。面对沃坦那内心最深处的愿望，他的女儿女武神布伦希尔德，通过“不服从的服从”的举动，让西格弗里德顺利出生。为此她受到沃坦的惩罚，在女武神山岩上坠入沉睡状态。

惧。所有他不喜欢的东西，他都要打倒。他肆无忌惮地攻击古代神灵。其主要事业的指向，是*解放妇女*——“解救布伦希尔达”[1]……西格弗里德和布伦希尔达；自由之爱的圣事；黄金时代[2]的到来；古代道德的众神的黄昏——*灾祸被清除*……瓦格纳的船儿，长久以来在这条航线上快活地行驶。毫无疑问，瓦格纳在这条航线上寻找*他的*最高目标。——结果出了什么事？一次不幸。船撞上一块暗礁；瓦格纳搁浅了。暗礁是叔本华哲学；瓦格纳被紧紧卡在一种*互相矛盾*的世界观里。他赋予音乐什么？乐观主义。瓦格纳羞愧难当。而且，叔本华还为它创造出一个恶毒的形容词——*丧德的*乐观主义。[3]他再次感到羞愧难当。他长久地冥思苦索，看来他的情况岌岌可危……他眼前终于显现一条出路：那块他在上面搁浅的暗礁，倘若他把它当作*目标*，当作隐藏的动机，当作他旅行的

1. *解放妇女——“解救布伦希尔达”*：在《指环》四部连篇剧的第二部标题主人公西格弗里德身上，沃坦看到的是他权力政治的一个没有来历和无知的、能够阻挡指环之不幸的工具。他戴着面具，扮作漫游者，关注着西格弗里德如何重新铸造父亲的宝剑诺通，杀死变成恶龙的发夫纳，获得隐身盔和指环，杀死觊觎这些东西的、他的收养人侏儒迷魅，阿尔伯里希的弟弟，折断了沃坦自己的长矛后，把布伦希尔德唤回到人间爱情中。——关于尼采对妇女解放的蔑视性立场，请参见他 1885 年 4 月从威尼斯给妹妹伊丽莎白的信。
2. *黄金时代*：希腊诗人赫西奥德（Hesiod，约公元前 7 世纪），在其关于世界产生和史前史的神学著作《神谱》中，三个时代中的第一个。
3. *丧德的乐观主义*：参见叔本华《作为意志和表象的世界》第四篇，§ 59：“此外，我在这里不禁要说一点，即是说在我看来，乐观主义……不是作为荒唐的想法，而且还是作为一种真正丧德的想法而出现的，是作为对人类无名痛苦的恶毒讽刺而出现的。”

实际意义，那么事情会怎样？在这里遭难——这也是一个目
标。我航行顺利，经历了船难……[1] 他把《指环》译成叔本华
式的语言。一切都失败了，一切都走向毁灭，新世界同旧世
21 界一样糟糕透顶：——虚无，那个印度的锡西[2] 在招手……布
伦希尔达，根据原先的计划该唱着一首颂扬自由之爱的歌曲告
别，用一种社会主义的乌托邦告慰世界，以这样的乌托邦“一
切都会好起来”，现在她却有别的事情要做。她首先得研究叔
本华；她必须把《作为意志和表象的世界》[3] 的第四篇用诗的语

---

1. “我航行顺利，经历了船难”（Bene navigavi，cum naufragium feci ...）：斯多噶派的芝诺（Zenon，前350—前264）的名言，根据第欧根尼·拉尔修（Diogenes Laertios）的《名哲言行录》，VII，4。
2. 锡西（Circe）：一个意大利岛上的女巫师。俄狄浦斯曾在他的迷途中在那里登陆。当他的随从们被变成猪的时候，出于爱，锡西屈服于奥德赛，而后者通过赫尔墨斯的一种药草，得到符咒的保护。一年后他渴望返回家乡；锡西先把他送到地狱，以便他能在那里询问预言家忒瑞西阿斯。尼采把叔本华对印度，尤其是佛教哲学的接受，同迷途和鼓惑的母题（也请参考《漂泊的荷兰人》，《特里斯坦与伊索尔德》，以及在《神界的黄昏》中西格弗里德的莱茵之旅）联系起来。由此，世界那时空的丰富多彩，仅仅是骗人的“摩耶的纱幔”（《作为意志和表象的世界》，第一篇，§3）。与此相反，尼采宣布，叔本华的意志所要进入的，那是虚无，会导致真正的迷惘。
3. 布伦希尔达［……］《作为意志和表象的世界》：在《指环》四部连篇剧的最后一部《神界的黄昏》里，西格弗里德悲剧性地被卷入沃坦和阿尔伯里希之间的权力斗争中：西格弗里德离开布伦希尔德，把指环作为爱情的信物给她。在吉比雄人的宫廷，由阿尔伯里希生的哈根对他的异父兄弟姐妹冈特尔和古特鲁妮提出建议，用一种遗忘和爱情的魔汤，把将要来到的西格弗里德同古特鲁妮捆在一起，以便他，使用隐身盔的伪装，为冈特尔赢得布伦希尔德和指环。作为冈特尔的新娘，布伦希尔德认出西格弗里德和指环，嫉妒地指责他不忠。她让哈根从背后杀死他，自焚在焚烧西格弗里德的火堆上，同时把指环交给莱茵少女们，而她们把心里充满权欲的哈根一起扯入河底深处；众神的城堡在大火中熊熊燃起。——根据迈尔（Hans Mayer）（《瓦格纳》，第10版，（转下页）

言表达出来。瓦格纳得到了拯救……千真万确，这是一次拯救。瓦格纳要感谢叔本华的这个恩惠，是无法度量的。唯有颓废的哲学家才臣服于颓废的艺术家自身——

5

颓废的艺术家——这个词正合适。我的认真由此开始。当这个颓废的家伙损毁我们的健康——还有我们的音乐时，我不能袖手旁观！瓦格纳究竟是个人吗？难道他不更是一种疾病？他让他接触的一切都得病，——他让音乐患病——

一个典型的颓废者，以自己那腐败的鉴赏力，他觉得自己不可或缺，他能以此要求一种更高级别的鉴赏力，让他的腐败被当作法则，当作进步，当作完满得到承认。

然而别人未作抵抗。他的诱惑力上升到可怕的程度，他的身旁圣烟袅袅，对于他的误解被称为“福音”——而他网罗到自己身边的，不仅仅是精神上的可怜人！[1]

（接上页）汉堡 1973，第 147 页），瓦格纳起先为《指环》的结尾设计了三种明确的变体。第一种根据俄国人巴枯宁（Michail Bakunin，1814—1876）的无政府主义理论，是从腐败的统治者那里的人的解放；第二种依照费尔巴哈，是众神图像在人类幻象中的消解（这个变体最接近尼采的《偶像的黄昏》）；第三种按照叔本华，作为普遍的世界拯救。结尾的最终版本无法明确地得到阐释。

1. 精神上的可怜人：参见山上宝训（《马太福音》5，3）以及瓦格纳对于下面两种教义的区别：一是基督教对于“精神上的可怜人”的直观和象征的教义，二是婆罗门教那知识和概念的教义。那是产生于约公元前 10 世纪、为“精神上的富有者”所考虑的早期印度宗教的哲学探讨。哲学家叔本华以婆罗门教为本，而艺术家瓦格纳更在基督教传统中找到自身（《宗教与艺术》，1880，第一段）。

我有兴趣，稍许打开一些窗子。空气！更多的空气！——

在德国，人们在瓦格纳问题上欺骗自己，这不让我感到意外。相反的情况，倒会让我感到意外。德国人为自己安排
22 好一个他们能顶礼膜拜的瓦格纳：他们从来不是心理学家，他们误解，为此还感到庆幸。不过，在巴黎，[1]在那个人们倘若不是心理学家的话，就几乎什么都不是的地方，人们也在瓦格纳问题上欺骗自己！在圣彼得堡[2]也一样！在那里，人们能够领悟某些甚至在巴黎也无人能领悟的事情。瓦格纳同整个欧洲的颓废如此相近，以至于他没有被它视为颓废者！他属于颓废：他是它的主角，它的最伟大的名字……人们把他捧上云端，以此向自己表示敬意。——因为没人对他进行抵抗，这本身已经是一个颓废的标志。直觉受到削弱。人们应该对此退避三舍的东西，却散发出魅力。人们喝下[3]那会更快地把人推进深渊的东西。——想看一个例子吗？人们只需要关注贫血病人、痛风病人或者糖尿病人给自己规定的饮食。

---

1. 在巴黎：自 80 年代起，瓦格纳在巴黎的接受获得“瓦格纳主义”（wagnérisme）的称号。1884 年由迪雅尔丹（Edouard Dujardin）建立的《瓦格纳评论》记录了基于波德莱尔传统，法国颓废派作家对瓦格纳的狂热接受。——关于瓦格纳和波德莱尔的关系，尼采在 1888 年 2 月 26 日从尼扎写给加斯特的信中，作了说明。——关于这全部的综合关联，请参见科本（Erwin Koppen）：《颓废的瓦格纳主义。关于欧洲颓废派文学的研究》，柏林和纽约，1973。
2. 圣彼得堡：暗指尼采 1887 年才接触的陀思妥耶夫斯基（Fjodor Michailowitsch Dostojewski，1821—1881）的作品。在他的《罪与罚》（1867），《白痴》（1868），《群魔》（1871）和《卡拉马佐夫兄弟》（1879—1880）等小说中，现代文化危机问题同泛斯拉夫主义和宗教的、民间的神秘主义联系在一起。
3. 人们喝下：暗指瓦格纳《特里斯坦与伊索尔德》中的爱情和死亡魔汤。

素食者[1]的定义：一个需要滋补强身之养身食谱的生灵。知道有害的东西是有害的，能够防止自己接触有害的东西，这是青春和生命力的象征。有害的东西吸引疲惫者：就像蔬菜之于素食者：疾病本身可以是生命的一贴兴奋剂：不过面对这样的兴奋剂人们必须足够地健康！——瓦格纳为这样的疲惫推波助澜：所以他吸引衰弱者和疲惫者。哎，这个老法师的喜悦如同响尾蛇一般，因为他总是见到"小孩子们"[2]朝他跑来！——

我先提出这样的观点：瓦格纳的艺术是病态的。他展现在舞台上的问题——完全是歇斯底里者[3]的问题——他那痉挛的情绪激动，他那过分的敏感，他那不断要求更刺激的调味品的鉴赏力，他那打扮成原则的反复无常，最后是他那对男女主人公的选择，他们被视为生理的类型（——一个病人的展览馆！——）：这一切构成一幅病态的画面，这无可置疑。瓦格纳是一种神经症。[4]今天也许没有什么更广为人知

1. 素食者：晚年的瓦格纳是活体解剖和杀死动物的反对者（参见他的《致恩斯特·封·韦伯先生，"科学的审讯室"一文的作者的公开信》，1879 以及他的《宗教与艺术》，1880）。依此他过着素食的生活。

2. "小孩子们"：参见《马太福音》19，14。

3. 歇斯底里者（Hysteriker）：自从 1869 年由巴黎"萨尔佩特里埃"的主任医生夏尔科（Jean-Martin Charcot，1825—1893）的首次诊断而得以被人承认的专有术语，指在清楚的意识状态中没有心理变态之妄想的精神病。人们已经猜想到疾病那原则性的性欲的根源，以催眠术来治疗病症。除了"歇斯底里"，通常还有术语"神经症"（Neurose）。

4. 瓦格纳是一种神经症（Wagner est une névrose）：参见法国作家龚古尔兄弟（Edmond，1822—1896，Jules Goncourt，1830—1870）1866 年 9 月 2 日的日记："天才是一种神经症。"

23 了，无论如何没有什么比蜕化的普罗透斯的性格[1]受到更好的研究了，它在这里蜕变成艺术和艺术家。我们的医生和心理学家在瓦格纳身上能找到他们最有趣的病例，至少一个非常完整的病例。没有什么比这样的整体病变、这个神经机制的滞后和过度兴奋更加具有现代意味了，而正因为如此瓦格纳是一个出色的现代艺术家，是现代性的卡廖斯特罗[2]。今天世人最需要的东西，在他的艺术里以最诱人的方式混合一处，——疲惫者的三大兴奋点，残忍，做作，无辜（白痴）。[3]

瓦格纳是一个音乐的伟大败坏者。他在音乐中领悟到刺激疲惫的神经的手段，——由此他使音乐变得病态。他在音乐中的发明才能非同小可，能让最最疲惫不堪者重整旗鼓，让半死不活者恢复生机。他是催眠术的大师，能像摔倒公牛一般摔倒最壮实的人。瓦格纳的成功——他在神经方面的成功，因而也是在女人身上的成功——使所有雄心勃勃的音乐人成为他那神秘艺术的信徒。不仅仅那些雄心勃勃的音乐家，还有那些聪明的音乐家，也身在其中……如今人们只能凭病态的音乐挣钱；我们的大剧院靠瓦格纳为生。

---

1. 普罗透斯的性格：普罗透斯（Proteus）是希腊神话里的一个形象。作为波塞冬（Poseidon）的仆人，他被视为能预言的、但由于其形态的多样性又总是难以捉摸的老海神。
2. 现代性的卡廖斯特罗：根据德国作家古茨科（Karl Gutzkow，1811—1878）的一个比较。意大利冒险家和炼金术士卡廖斯特罗（Alexander Graf von Cagliostro），真名叫巴尔萨莫（Giuseppe Balsamo，1743—1795），通过有轰动效果的魔术表演，取得财富和名望。
3. 白痴：这里也意味着陀思妥耶夫斯基的小说《白痴》（古怪的人，无辜的人）。

6

——请允许我再放松一下。我假设，瓦格纳的成功会变得更有血肉，具有形态，他打扮成彬彬有礼的音乐学者模样，混迹于青年艺术家中间。您以为，他在那里会如何展现自己？——

朋友们，他会说，让我们私下说几句话。创作糟糕的音乐比创作美妙的音乐要容易得多。怎么回事？要是它看上去更有益、更有作用、更具说服力、更令人激动、更加可靠、更瓦格纳？……美只是为少数人准备的。[1]够糟糕的了！我 24
们懂得拉丁文，我们也许也懂得我们的利益。美有它自己的问题：对此我们心知肚明。但为什么还需要美呢？为什么不宁愿要伟大，要崇高，要宏伟，要那些能让大众为之动心的东西？——再说一次：宏伟比美更容易做到；对此我们心知肚明……

我们了解大众，我们也了解剧院。坐在里面最出色的，是德国的年轻人，受骗的西格弗里德和其他的瓦格纳追随者，他们需要崇高，深刻，动人心魄。这些我们还能做到。而其他一些坐在里面的人，那些受过教育的克汀病患者，渺小的自命不凡之辈，永恒的女性，幸运的酒囊饭袋，一言以蔽之，那些民众——同样需要崇高，深刻，动人心魄。所有的人有

1. 美只是为少数人准备的（Pulchrum est paucorum hominum）：参见贺拉斯：《讽刺诗集》I，9，44。

个统一的逻辑。“谁征服我们，就是强大的；谁提升我们，就是神圣的；谁让我们获得预感，就是深刻的。”——让我们下决心吧，我的音乐家先生们：我们要征服他们，我们要提升他们，我们要让他们获得预感。这些我们还能做到。

至于让人获得预感：我们的“风格”概念正是从这里开其端。重要的不是思想！没有什么比一个思想更能让人丢丑了！相反，重要的是思想之前的状况，尚未诞生之思想的挤压，未来思想的允诺，上帝创世前曾经有过的世界，——混沌的复现……混沌让人预感……

用大师的语言表达：无休止，但没有旋律。[1]

其次，至于征服，这部分地已经属于生理学范畴。我们首先研究一下乐器。有几种甚至能说服内脏（——用亨德尔[2]的话说，它们打开门户），另外的让脊髓着迷。这里，音调的
25 色彩有决定性作用；什么发出音调，这几乎无关紧要。让我们在这点上字斟句酌！除此之外，我们还有什么必要费神费力！但愿我们在音调方面独具特点，即使冒愚蠢的风险！倘若我们能借助音调，让人获得众多预感，别人就会把这归功于我们的精神！让我们去挑衅神经，死命击打，让我们祭起闪电惊雷，——这能征服……

但最有征服力的是激情。——让我们理解激情。没有什

1. 无休止，但没有旋律：对瓦格纳“无休止的旋律”的讥讽。
2. 亨德尔（Georg Friedrich Händel，1685—1759）来自哈勒的巴洛克艺术风格的作曲家，自 1714 年起在伦敦当宫廷作曲家。

么比激情更价廉物美了！可以放弃对位法的所有好处，不必学过任何东西，——激情人们总是有的！美困难些：对于美我们要十分小心！……当然还有旋律！让我们诅咒，我的朋友们，让我们诅咒，尽管这不同于我们之于理想的严肃，让我们诅咒旋律！没有什么比一种优美的旋律更危险了！没有什么比这能更肯定地败坏鉴赏力！倘若人们重新喜爱优美的旋律，我的朋友们，我们就完了！……

基本原则：旋律是不道德的。证据：帕莱斯特里纳。[1] 应用：《帕西法尔》。旋律的缺失让自身变得神圣……

这就是激情的定义。激情——或者在等音[2] 的绳索上，丑陋表演的体操。——我的朋友们，让我们斗胆当一回丑陋！瓦格纳就敢于这样！让我们毫不犹豫地把我们面前那最令人厌恶的和声的烂泥推开！别顾及我们的双手！只有这样我们才会变得自然……

最后一个建议！也许它把一切归纳到了一点上。——让我们做理想主义者！——如若这不是最聪明的，那就是我们力所能及的最明智的做法。为了能够提升别人，得让自己得

1. 帕莱斯特里纳（Giovanni Palestrina，真名 Giovanni Pierluigi da Palestrina，1525—1594）：文艺复兴晚期意大利作曲家，属于罗马教皇唱诗班的“罗马派”。作为其主要代表，他在自己主要是宗教的著作中（弥撒曲和赞美诗），贯彻了反宗教改革的教会音乐的要求。他把法兰西佛兰克的对位法艺术同意大利的和声技巧及旋律学结合起来。

2. 等音（Enharmonik）：有十二个均等部分的、按平均律的音调系统，促使“转换的”音调同时出现。音阶的这个多义性在瓦格纳那半音阶的、滑过所有十二个音级的作曲技巧中得到使用。

到升华。让我们迈步云端，漫谈无限，把那些伟大的象征收集于身边！诚心！向上！[1]——没有比这更好的建议了。那“挺起的胸膛”是我们的论据，那“美好的感觉”是我们的代
26 言人。针对对位法，德行保持了它的权利。“有人改善我们，他自己怎么会不优秀？”人类总是这样做结论。好吧，就让我们改善人类！——由此我们就是优秀的（由此我们会成为“经典作家”：席勒就曾成了“经典作家”）。对低级的感官刺激和所谓的美的谋求，让意大利人神经衰弱：让我们坚持做德国人！甚至莫扎特[2]同音乐的关系——瓦格纳曾安慰我们地说！——归根到底也是轻浮的……让我们永远别承认，音乐“服务于休息”；它“让人快活”；它“提供愉悦”。[3]我们永远不要愉悦别人！——要是人们重新享乐主义地[4]思考艺术，我们就完了……最糟糕的就是18世纪……对此，顺便提一下，

---

1. 诚心！向上！（Sursum! Bumbum!）：对神甫的天主教弥撒台词的讽刺模仿：“Sursum corda”（你们当诚心向天上）——参见《旧约·耶利米哀歌》3：41。
2. 莫扎特（Wofgang Amadeus Mozart，1756—1791）：维也纳音乐的作曲家。——瓦格纳在《歌剧与戏剧》（1851）和《论歌剧创作特别是作曲》（1879）中，视莫扎特为天才的音乐家。只有他才能在与歌词作者庞特（Lorenzo da Ponte，1749—1838）幸运的相遇中，为诸如《唐·乔万尼》（1787）这样戏剧上成功的歌剧配曲。但是，在艺术的分工中，特别在意大利和法国的歌剧中，存有趋于“轻佻的”、非戏剧性地展开的旋律的倾向。
3. “服务于休息”[……]“让人快活”[……]“提供愉悦”：暗指贺拉斯的《诗艺》，诗行333：“诗人的愿望应该是给人益处和乐趣。”
4. 享乐主义地：面向享乐的伦理立场，让所有的行为以赢得乐趣作为准则；德行存在于享乐的教养中，在审美教育中。哲学上说明享乐主义理由的是昔勒尼的亚里斯提卜（Aristippos von Kyrene，前435—前355）。

没有什么比这样一剂药方更值得推荐了——阿谀奉承，倘若允许用这个词。[1]这提供尊严。——让我们选择一下，什么样的时刻最合适，眼色悲哀，公开叹息，基督徒地叹息，展示出伟大的基督徒的同情。“人类已经堕落：谁来拯救他们？什么能拯救他们？”我们别回答。我们要小心翼翼。要战胜我们那想建立宗教的虚荣心。可是不能允许任何人怀疑，我们会拯救他，只有我们的音乐会拯救……（瓦格纳的文章《宗教和艺术》。[2]）

7

够了！够了！我担心，别人在我那戏谑的后面过于清晰地重新认出了险恶的真相——艺术衰败和艺术家衰败的图像。后者作为一种性格的衰败，也许能用这样的话暂作表述：音乐家现在成了演员，[3]他的艺术不断发展成一种说谎的才能。

---

1. 倘若允许用这个词（sit venia verbo）：根据小普林尼（Plinius dem Jü ngeren）：《信札》(Epistulae）5，6，46。
2. 瓦格纳的文章《宗教和艺术》：在这篇与《帕西法尔》同一时间写下的文章里，瓦格纳提出他的纲领，即通过艺术拯救业已变得做作和教条的宗教。根据叔本华哲学，基督教和佛教所共有的宗教核心，作为对困于利己主义和受难意志的否定，是由对同情的直觉认识所决定的。在基督教那里，这个理论在圣餐和基督的十字架之死中，得到其真正的和象征性的表达。这个死亡表现了历史中对人施行的暴力，和对动物施行的饮食暴力的赎罪牺牲品。而音乐是艺术，它能不借助概念，最直接地表示世界之无意义的宗教理论。
3. 音乐家现在成了演员：以这样的命题为出发点，即音乐作为表现手段，应该服从于歌剧的戏剧进程（《歌剧与戏剧》，引论）瓦格纳规定，在表现和戏剧的表达能力之优先权统领下，戏子为演员，歌唱家和音乐家的统一（《关于演员和歌唱家》，1872）。（也请参见《不合时宜的沉思》第四部分，§9。）

我将另有机会（在我主要著作的一章里，[1]题为《艺术生理
27 学》）进一步探讨，艺术进入舞台演出的这样一种整体转变，同样肯定是生理病变的一种表现方式（准确地说，歇斯底里的一种形式），如同那由瓦格纳所开创之艺术的每种单独的堕落和衰竭：比如其表面的骚动不安，它需要人们时刻改变面对它的姿态。那些在瓦格纳身上只见到奇形怪状，任意专断和情绪无常，一种偶然性的人，其实对瓦格纳一无所知。他并非人们也许会说的那样，是一个“有缺陷的”、“不幸的”、“矛盾重重的”天才。瓦格纳是某种完满，是一个典型的颓废者，他身上缺少任何“自由意志”，[2]而他的每种特征都有其必要性。倘若瓦格纳身上有什么有趣的东西，那就是一种逻辑，带着这种逻辑，一种生理的弊病，作为实践和步骤，作为原则中的革新，作为鉴赏力的危机，完成了一个又一个的终止，走完了一步又一步。

这次我仅在风格问题上逗留片刻。——文学的颓废通过什么特点显示自身？通过生命不再居留于整体中。[3]词语变得独立，从句子中跳跃而出，句子越出边界，模糊页面的意

---

1. 在我主要著作的一章里：尼采指的是他1888年8月曾经计划的主要著作《权力意志》的最后的草稿。在这本书里，《艺术生理学》该组成四卷中第三卷的第二章。1888年9月他放弃这个计划。
2. “自由意志”：这里指的既不是比如在亚里士多德（《尼各马可伦理学》，III，1—8）那里的，对自由行为之任意性的意识，也不是指比如在康德（《实践理性批判》，§5—7）那里的，处于理性法则之下的立法意志的自由，相反是指对于创造和其价值、形式之改造的，权力意志那狄奥尼索斯的创造性自由。
3. 通过生命不再居留于整体中：参见《现代心理学论集》，巴黎1883，I，25。

义，而页面以牺牲整体为代价，赢得生命——整体不再是整体。不过，这只是对于每种颓废风格的譬喻：每次可见的是原子的杂乱无序，意志的支离破碎，“个体的自由”，用道德的口吻说，——扩展为一种政治理论，即“人人具有同样的权利”。生命，那同样的生命力，生命的勃勃生机，被挤压进最小的构形，那残余的部分便乏于生命。到处是瘫痪，艰辛，僵化或者敌对和混乱：人们登上的组织形式越高，敌对和混乱这两者，就会越多地进入人们的视野。整体不再生存：它是拼装起来的，被计算出的，假造的，是一种人工制品。——

在瓦格纳那里，首先是幻觉：不是音调的，而是姿态的幻觉。为了姿态，他才去寻找音调符号。如果想欣赏他，就 28
得在这里看他的工作方式：他在这里如何进行区分，如何制造小小的单位，如何激活它们，强调它们，让它们显豁夺目。[1]可他由此耗尽精力：余力便什么也做不成。他的“展开”方式，他的尝试，勉强把不可分离的东西胡乱置放，是多么蹩脚可怜，不尴不尬，多么外行！他的手法让我们在此想起龚古尔兄弟，其实就瓦格纳的风格来说，他们也值得提及：人们如此紧急地生发出某种怜悯心。瓦格纳把他那对于有机的构形的无能，伪装成一种原则，让人以为他确定了一

1. 如何进行区分［……］显豁夺目：对瓦格纳“最精致的逐渐过渡的艺术”的描述。这种技巧从现有的主导母题出发，通过分离和变奏，产生其他母题（1859年10月29日，就《特里斯坦》，瓦格纳致玛蒂尔德·韦森东克的信）。

种“戏剧的风格”，[1]而在那里我们恰恰只能确定他对于风格的无能。他的这种做法，符合伴随瓦格纳一生的一种大胆习惯：他在自己缺乏能力之时，建立一种原则（——顺便说一下，此处与老康德[2]有别。康德喜欢另一种大胆：亦即在他缺少原则之时，在人身上建立一种“能力”……）再次重申：仅仅在发现小事情上，在细节的雕琢上，瓦格纳值得敬佩和显得可爱，——站在他的一边，人们有一切的理由，宣称他为一流的大师，为我们音乐界最伟大的袖珍画艺术家。他能把无限的意义和甜蜜，挤压进最小的空间。对于色彩，若明若暗和渐次消逝的神秘光线，他具有如此丰富的表现手段，受此娇惯，以后别人会觉得，几乎所有其他音乐家，都过于粗暴。——如果别人愿意相信我，就不会从今天他取悦世人的角度出发，获得对于瓦格纳的最高理解。他的手段，是为了说服大众而发明的，而我们，会像面对一张过于大胆放肆的湿壁画，对此退避三舍。《唐豪瑟》序曲中那刺激神经的粗鲁

1. “戏剧的风格”：是瓦格纳所要求的，在下列著作中：《歌剧与戏剧》（1850—1851），《论歌剧的定义》（1871），《论“音乐剧”的名称》（1872），《论歌剧创作特别是作曲》（1879）和《论音乐在戏剧中的运用》（1879）。

2. 康德（Immanuel Kant，1724—1804）：德国观念论哲学家，在《纯粹理性批判》（1781）中探讨认识的基本原则，空间和时间的纯粹直观形式，知性的范畴和理性的观念；在《实践理性批判》（1788）中探讨绝对命令中的道德行为的原则，而这种绝对命令提供行为准则的理性的普遍有效性。尼采在《善恶的彼岸》（§11）中，已经批评康德，说他为了支持自己的原则，不得不把一种综合的、理论的和实践的能力作为所有经验和行动的前提。对瓦格纳批评的关键点是，瓦格纳的解体的颓废风格，恰恰缺少综合的能力。

同我们有何干系？或者还有那《女武神》的喧闹？[1]瓦格纳音乐中，以及在剧场之外风靡流行的一切，都具有令人怀疑的鉴赏力，而且败坏鉴赏力。《唐豪瑟》中的进行曲对我来说 29
有市侩的嫌疑；《漂泊的荷兰人》的序曲是无事生非；[2]《罗恩格林》的前奏[3]是第一个太让人难堪的、太恰当的例子，教人如何用音乐进行催眠（——我讨厌所有仅具劝说神经之虚荣心的音乐）。但除了那个催眠术大师和壁画家瓦格纳以外，还有另一个藏有一些小玩意儿的瓦格纳：我们那音乐史上最伟大的忧郁者，目光迷离，柔情万端，话语可亲，这方面无人能与他比肩，他是一种感伤慵困之幸福的音调大师……一部瓦格纳最隐秘之词汇的词典，里面尽是由五到十五个节拍组成的短句，全是无人能懂的音乐……瓦格纳具有颓废的德行，同情心——

8

——“很好！不过，倘若一个人恰好不是一个音乐家，恰好不是一个颓废者，怎么能由于这样的颓废者而丧失他的鉴赏力？”——正相反！怎么能不会！您可以试一下！——您不知道，瓦格纳是谁：一个非常伟大的演员！在剧院里，难

1.《女武神》的喧闹：暗指《女武神》第三幕开始时的女武神骑马的音乐。

2. 无事生非（Lärm um nichts）：暗指蒂克（Tieck）的莎士比亚喜剧翻译，把“Much Ado About Nothing”译成“Viel Lärm um nichts”。

3.《罗恩格林》的前奏：尼采指的是弦乐器演奏者和吹奏乐器演奏者以最高音调表演，然后逐渐降下的圣杯母题。那催人入睡的作用使人想起对癔病患者的医学治疗。

道还有一种更深刻、更强烈的影响吗？请您瞧一眼这些年轻人——他们神情僵直，脸色苍白，呼吸困难！这就是瓦格纳的追随者：对音乐一无所知，——尽管如此，瓦格纳成了他们的主人……瓦格纳的艺术以数百个大气压压下：您得卑躬屈膝，别无他法……演员瓦格纳是个暴君，他的慷慨激昂，推翻每种鉴赏力，消解任何抵抗。——谁的姿态具有这样的说服力，谁又如此坚定和首先注重这样的姿态！瓦格纳式那令人窒息的慷慨激昂，那种攫住他人不放的极端感情，那种
30 引起恐惧的情状的延续，其瞬间已能将人扼死！——

瓦格纳究竟是个音乐家吗？无论如何他更是另一种别的什么：亦即一名无可比拟的演员，最伟大的戏子，德国前所未有的最惊人的戏剧天才，我们出色的舞台表演大师。他属于别的什么领域，而非隶属音乐史：我们不该把他同音乐史上的真正伟人混淆不清。瓦格纳和贝多芬[1]——这是亵渎神明——而这最终对瓦格纳自己也不公正……作为音乐家，他也仅仅是他事实上是的那个人：他成了音乐家，他成了诗人，因为他身上的暴君习性[2]和他的演员天分迫使他这样。谁只要

1. 贝多芬（Ludwig van Beethoven，1770—1827）：维也纳古典主义作曲家，通过其钢琴奏鸣曲，弦乐四重奏和交响曲作品，通过他在奏鸣曲式中的主题和母题方面的工作，被视为器乐解放的完成者。瓦格纳把他的音乐剧纲领同第九交响曲的最后的乐章联系起来。在这一乐章里，席勒《欢乐颂》的合唱和独唱从器乐声中响起。参见1846—1873年间瓦格纳关于贝多芬的不同文章。

2. 他身上的暴君习性：在第四篇《不合时宜的沉思》§8和§9中，已经谈及瓦格纳对于“暴君的无限权力”的意志。

没看出他身上占支配地位的本能，谁就无法参透瓦格纳身上的任何东西。

瓦格纳不是有灵性的音乐家。他自己证明了这一点。其途径是，他摒弃所有的规则，更准确地说，摒弃音乐中的所有风格，以便从中获取他所需要的东西，一种戏剧的修辞技能，即一种表达、加强表情、心灵暗示和心理描绘的手段。在这里，我们可以视瓦格纳为一流的发明家和创新者——他把音乐的语言能力提升到无限——：他是音乐语言的维克多·雨果。[1]可以暂且承认，还是假设，在某些情况下，音乐可以不是音乐，而是语言，而是工具，而是戏剧的女仆。[2]瓦格纳的音乐，要是不受戏剧鉴赏力、一种非常宽容的鉴赏力的保护，它简直就是糟糕的音乐，或许是至今被弄成的最糟糕的音乐。倘若一个音乐家笨得数不到三，他就成了“戏剧的”，他就成了“瓦格纳式的”……

瓦格纳几乎发现了，借助一种支离破碎的、可以说是初级制作的音乐，[3]哪种魔法甚至能够得以施展。他在这方面的
意识一直进入到可怕的境地，就像他的直觉，根本就不需 31

1. 雨果（Victor Hugo，1802—1885）：法国作家，以其富于幻想的诗歌成为法国浪漫主义盛期的代表。最著名的小说有：《巴黎圣母院》（1831）和《悲惨世界》（1862）。

2. 戏剧的女仆（ancilla dramaturgica）：对中世纪经院哲学理论的仿效，根据那种理论，哲学是神学的女仆。

3. 初级制作的音乐：参见瓦格纳在《歌剧与戏剧》（第二部分第六小节）中关于和谐的“始母要素”的名言。

要高级的规则和风格。初级要素已经足够——音调，动作，色彩，简而言之，音乐的感性因素。瓦格纳从不作为音乐家，从不从一个音乐家的良知出发思考：他要的是效果，他要的是效果而别无其他。[1]而他知道，他必须对什么产生效果！——在这点上他和席勒一样，和每个戏剧家一样，从不踌躇不定。他同样也具有对世界的蔑视，那个他已经让其对自己屈膝跪拜的世界！……在芸芸众生之前，一个人事先已有此洞见，此人就是演员：那些该起真实效果的东西，不能是真实的。这个原理是塔尔玛[2]表述的：它包含了演员的全部心理，它也包含了——让我们对此别怀疑！——演员的全部道德。瓦格纳的音乐从来不是真实的。

——不过人们以为它是这样的：这没问题。——

只要人们还天真无邪，而且又是瓦格纳的追随者，就会以为瓦格纳自己是个富翁，是个挥金如土的典型，是个音调王国的大财主。人们景仰他身上的“君王的慷慨大度”，就像年轻的法国人景仰雨果一样。以后人们出于相反的原因景仰这人和那人：把他们当作经济的大师和楷模，当作聪明的主人。没人在这方面能同他们比肩，能用少量的花费推出一桌宫廷盛宴。——带有笃信之肠胃的瓦格纳追随者，尝到他师傅在他面前用戏法变出的美味时，甚至会打饱嗝。我们其

1. 效果而别无其他：尼采在此把瓦格纳对于作为缺少起因之影响的、效果的论争性定义（《歌剧与戏剧》（第一部分第五节），用到了瓦格纳自己身上。
2. 塔尔玛（François Joseph Talma，1763—1826）：法国演员，主角扮演者。

他人，在书中和音乐里首先要求实体，几乎从没有受到仅仅是“象征性的”宴席[1]的招待，情况就更糟。用德语来说就是：瓦格纳未提供给我们足够咀嚼的东西。他的颂唱——肉很少，[2]多的是骨头和更多的是汤水——被我命名为“热那亚的风味”[3]：我完全无意就此奉承热那亚人，但可能表示对那较古老的咏唱，清宣叙调[4]的欣赏。至于瓦格纳的“主导母题”， 32
对此我缺少所有享受美味的理解力。倘若有人逼我，我也许会把它视为理想的牙签，视为剔除菜肴残留物的机会。还剩下瓦格纳的“咏叹调”没提——可现在我已无话可说。

9

即使在情节设计上，瓦格纳首先还是演员。他想到的第一件事，是一个肯定具有可靠效果的场景，一个带有高浮雕（hautrelief）式姿态的真正的情节（Actio），[5]一个震撼人心的

---

1. “象征性的”宴席：一方面仅仅是复现的、画出的宴席，另一方面根据“剧场风格”（stilo rappresentativo）对吟咏、17 世纪的宣叙调中某个歌剧人物那充满激情的精神状态的描绘。
2. 肉很少：符合尼采的习惯，在他最后几年的信件中摘引意大利的菜谱。这里又一次对瓦格纳的素食主义旁敲侧击。
3. “热那亚的风味”（alla genovese）：1881 年尼采在热那亚首次聆听《卡门》。
4. 清宣叙调（recitativo secco）：自 18 世纪来流行的干宣叙调，由一件或少量乐器的短促、时断时续的和弦伴奏。与此相反，在剧场风格中，宣叙调浓缩为有伴奏的宣叙调（Accompagnato-Rezitativ），即由乐队伴奏的咏叙调（Arioso），处于干宣叙调和真正的歌剧咏叹调（Opernarie）之间。在瓦格纳的音乐剧里，在乐队伴奏的宣叙调中，有伴奏的宣叙调得到扩展，抵消了咏叹调和清宣叙调。
5. 把戏剧这个词 * 总是译成“情节”，这曾是美学的一场真实的灾难。在此迷失方向的并非瓦格纳一人；大家都误入歧途；甚至那些理应更加知情的（转下页）

场景——他对此殚精竭虑，然后从中获得形象特征，余下的事情会由此产生，根据一种技术的经济原则，而它没有任何理由含糊不清。瓦格纳要顾及的，不是高乃依[1]的观众，而仅仅是19世纪。瓦格纳会像今天其他每个演员一样地评价，粗略地评价“但是不可少的只有一件”[2]：一连串壮观的场景，一个比一个更壮观——而且，穿插其间的，是许多机智的蠢话。他自己首先力图保证其作品的效果，他从第三幕开始，用自己作品最后的效果证明自身。以这样一种戏剧理解力作为指
33 南，人们就不会冒此风险，意外地创作出一部戏剧。戏剧要求严格的逻辑：不过，对于瓦格纳来说，逻辑又有何用！再说一次：他要顾及的，不是高乃依的观众：而仅是德国人！大家知道，解决哪类技术问题，戏剧家得竭尽全力，常常还

（接上页）语文学家们也不外如此。古代戏剧注重宏大激昂的场景——这恰恰排除情节（把它安排到场景的开端或者后面）。戏剧这个词来自多利安语 **；在多利安语中它意味着“事件”，“故事”。两个词都有神圣的意义。最古老的戏剧表现地方传奇，那“神圣的故事”，宗教礼仪就建立在此之上（——也就是说，没有行动，只有事情：在多利安语中，spâv 根本没有“行动”的含义）。

戏剧这个词 *：瓦格纳自己曾指出“戏剧”这个词作为行为或者情节的历史，以后独立为希腊的合唱悲剧的一种要素（《论‘音乐剧’的名称》1872）。

来自多利安语 **：多利安人的动词“drân”，恰恰不同于尼采的看法，它意味着“行动，采取行动”，但在狭义上同尼采相符：“完成一次牺牲，一个仪式。”但在戏剧中表现的，更是处于被预言的、神秘的和神的事件和人物各自的决定和行动之间的紧张关系。——亚里士多德在其《诗学》（III，1448b 1—2）中，介绍了多利安人对于话剧起源的权利要求。他借助了“drân”这个词的历史，但没有去证明它的有效性。——尼采原注

1. 高乃依（Pierre Corneille，1606—1684）：法国古典主义戏剧的第一个代表，遵循严格的地点、时间和情节的三一律。
2. “但是不可少的只有一件”：参见《路加福音》10：42。

流血流汗：赋予纠结及化解[1]必然性，以便让两者仅以唯一的一个方式成为可能，但同时给人以自由的印象（力量最少消耗的原则）。好吧，瓦格纳为此花费了最少的心血；他为纠结和化解当然消耗了最少的精力。可以随意把瓦格纳的一个“纠结”置于显微镜之下观察——人们会不得不失声发笑，这我可以保证。没有什么比《特里斯坦》中的纠结更令人解颐了，要超过它，那得是《工匠歌手》中的纠结。瓦格纳不是戏剧家，我们不要受任何事情欺骗。他喜欢“戏剧”这个词：这就是一切——他总是喜欢漂亮的字眼。尽管如此，在他的文章里，“戏剧”这个词只是一种误解（——而且是一种聪明的做法：瓦格纳一直装腔作势地反对“歌剧”这个词——）：大约就像在《新约》中“精神”这个词，[2]仅是一个误解那样。——在戏剧方面，他够不上是心理学家；他本能地回避心理学的动机说明——如何进行？他总是用过敏性取代它……非常现代，不是吗？非常巴黎式！非常颓废！……顺便说一下，瓦格纳真正懂得借助戏剧的发明来化解的纠结，完全属于别的类型。我举一个例子。让我们假设，瓦格纳需要一个女声。整整一幕缺少女声——这不行！可是，那些“女主人公”眼下都不得空闲。瓦格纳怎么办？他解放了世上

1. 纠结及化解：即戏剧冲突的纠结和解决。
2. 在《新约》中“精神”这个词：暗指《约翰福音》的开头：“太初有道，道与上帝同在，道就是上帝。”“词”（Wort）的希腊语表达方式是“逻各斯”（Logos）。它可以翻译成神的“精神”（Geist）或者获得启示的“词”。当然，它们总是超越人的精神和他的悟性。

最老的女人，那个埃尔达[1]：“上来，老祖母！您得唱歌！”埃尔达歌唱。瓦格纳的目的达到了。随后他立即赶走这个老妇。
34 “您究竟来干什么？请您退下！行行好，继续睡吧！”——总而言之，充满神话之毛骨悚然的一个场景，在这样的场景里，瓦格纳的追随者预感到……

——“不过还有瓦格纳剧本的内涵！它们的神话内涵，[2]它们那永恒的内涵！”问题是：如何检验这个内涵，这个永恒的内涵？——化学家会回答：把瓦格纳转化成现实的东西，现代的东西，——让我们再残忍一些！转化成市民的东西！这样的话，瓦格纳将成为什么样子？——私下地说，我尝试过：瓦格纳以青春焕发的样子自我讲述：比如像扮成是神学院学生的帕西法尔，受过高中教育（这后一点对于纯粹的愚蠢不可或缺）。没有什么比这更能解颐了，没有什么比这更值得推荐、作为散步的谈资了。人们会经历怎样的惊奇！您会相信吗，瓦格纳的女英雄们，无一例外地，一旦她们卸下自己那英雄的外壳，就同包法利夫人（Madame Bovary）别无二致！——就像人们也可以相反地理解那样，福楼拜[3]也完全

---

1. 埃尔达：在《西格弗里德》III，1 中沃坦对始母女预言者埃尔达的呼唤。
2. 神话之毛骨悚然［……］神话内涵：关于瓦格纳对神话的处理，请参见《歌剧与戏剧》（第二部分，II—VI）。瓦格纳描绘由于理性的、进行分析的长篇小说，民间中形象和神秘故事的衰落，并设计出对形象的神话之现代（神话的）的重建，其途径是对母题的戏剧的、通过音乐阐释的浓缩。
3. 福楼拜（Gustave Flaubert，1821—1880）：法国作家。他的小说《包法利夫人：一幅来自外省的风俗画》（1856），其特点是对一次婚姻危机作了现实主义的精确的描绘。根据 1848 年的一个真实案例，他讲述了他的女主人公的（转下页）

有自由，可以把他的女主人公转化为斯堪的那维亚或者迦太基的女人，[1]然后对她们进行神话改造，作为歌剧剧本提供给瓦格纳。是这样，总的来说，瓦格纳今天只对那些渺小的巴黎颓废者感兴趣，看来对其他任何问题都兴趣索然。总是处在医院的咫尺之内！全然是现代的，全然是大城市的问题！对此您无须怀疑！……您觉察到（这同属于观念的联想）瓦格纳的女主人公都不生孩子吗？——她们不能……瓦格纳在安排西格弗里德出生的时候，曾绝望地涉及这个问题。这种绝望透露出，在这一点上，他的感觉是多么地现代。——西格弗里德“解放了妇女”——却无传宗接代的希望。——终于出现一个让我们惊慌失措的事实：帕西法尔是罗恩格林的父亲！[2]他如何做到了这点？——在此人们是否应该回忆起， 35
“圣洁创造奇迹”[3]？……

（接上页）生活。她嫁给了一个乡村医生，生活在无聊那灾难性的循环往复中，被通奸、诱骗和负债推向自杀的境地。在 1856 年的巴黎审判中，面对骇人听闻的败坏道德和宗教的指控，作家被宣判无罪。

1. 斯堪的那维亚或者迦太基的女人：暗指福楼拜在其时代小说《包法利夫人》之后，于 1863 年发表的历史小说《萨朗波》。书名女主人公是迦太基月亮女神的女司祭和哈米尔卡尔·巴尔卡（Hamilkar Barka，前 290—前 229）的女儿。哈米尔卡尔是迦太基的军队统帅，汉尼拔的父亲；第一次布匿战争（前 264—前 241）之后，当时的雇佣军为了他们正当的报酬，同迦太基打仗。战斗中，萨朗波同利比亚的对手马托一起，被卷入一场致死的色情阴谋中。——“斯堪的那维亚”一方面指瓦格纳使用的日耳曼神话，另一方面也许指易卜生（Herrik Ibsen，1828—1906）和斯特林堡（August Strindberg，1849—1912）的戏剧，他们同样自然主义地描写了关于色情和婚姻的当代和社会问题。
2. 帕西法尔是罗恩格林的父亲：罗恩格林自己在同名歌剧（III，3）中这么说。
3. “圣洁创造奇迹”：瓦格纳在《宗教与艺术》中这么说；他攻击玛利亚（转下页）

瓦格纳说的，他是圣洁题目中的最高权威（Wagnerus dixit princeps in castinate auctoritas）。

10

关于瓦格纳的文章[1]再说几句：除了别的以外，它们属于聪明一派。瓦格纳运用的程序系统，可以套用到千百篇其他文字上，——有耳可听的，就应当听。[2]也许我有权要求公众的感谢，倘若我精确地描绘出那三个最有价值的程序。

> 所有瓦格纳不能做的事，均属可鄙。
>
> 可瓦格纳还能做更多的事：但他不愿意，——出于原则方面的严格。
>
> 所有瓦格纳能做的事，无人能模仿。他前无古人，也该后无来者……瓦格纳是神圣的……

这三条原理就是瓦格纳文学的精髓；余下的是——“文学”。[3]——迄今为止，并非每种音乐都需要文学：在此有必要寻找足够的理由。瓦格纳的音乐难于理解，是这样吗？

（接上页）的圣洁怀孕教义，把它归溯到拯救者上帝的实际的出生奇迹上。参见尼采 1888 年 7 月给加斯特的信。

1. 瓦格纳的文章：指的是瓦格纳的理论性文章，其中有一些已在第四篇《不合时宜的沉思》（§10）中详细地论述。
2. 有耳可听的，就应当听：见《马太福音 11，15》。
3. 余下的是——“文学”：根据来自莎士比亚《哈姆雷特》（V，2）中哈姆雷特的临终之言：“余下的是沉默”。

或者他害怕相反的情形，亦即担心别人能轻而易举地理解它，——担心别人能不足够困难地理解它？——事实上，瓦格纳一生不断重复的，是一句话：他的音乐不仅仅意味着音乐！而是更多！而是无限地多得多！……“不仅仅是音乐”——没有音乐家会这么讲话。再说一遍，瓦格纳不能创作整体的东西，他根本就没有选择的余地，他只能制作片断，借助“母题”，表情，公式，复制和千百遍的重复。他一直是作为音乐家的演说家——正因为如此，他不得不从根本上，将“这意味着”这个表达方式，推到前台。“音乐始终仅是一种手段”[1]：这是他的理论，而首先是他唯一可能的实践。不过，没有音乐家会这么想。——瓦格纳需要文学，为的是说服整个世界，认真对待他的音乐，深刻地认识它，“因为它意味着无限”；他毕其一生是“理念”的注解者。——爱尔莎意味着什么？这毫无疑问：爱尔莎是“无意识的国民精神”（——“带着这样的认识，我不可避免地成了一个彻底的革命家”[2]——） 36

让我们回忆，当黑格尔和谢林[3]误导英才们之时，瓦格纳

1. “音乐始终仅是一种手段”：参见瓦格纳的《歌剧与戏剧》(引论)。

2. “带着这样的认识［……］革命家”：瓦格纳：(1851)。

3. 黑格尔和谢林：黑格尔（Grorg Friedrich Wilhelm Hegel，1770—1813）和谢林（Friedrich Wilhelm Joseph Schelling，1775—1854）完成了自康德、席勒和歌德以来的德国观念论哲学和审美理论。黑格尔把艺术美，定义为绝对精神之理念的感性假象，谢林把它定义为自然和神之精神的、神话的形式生成。关于理念，两人都以为这是绝对的和无限的精神，同具体现实之间的中介。这与希腊哲学家柏拉图（Platon，前427—前347）的理念理论不同。根据柏拉图的（转下页）

还年轻；那时他就猜到，就明白，什么是德国人才会认真对待的东西——“理念”，也就是说，某种东西，它模糊不定，充满悬念；在德国人中间，清晰是一种异议，逻辑是一种反驳。叔本华严厉批评黑格尔和谢林的时代的伪善[1]——严厉，同时也不公正：他自己，这个老迈的悲观主义弄虚作假者，无论从哪方面来讲，都不比他更著名的同时代人更“正直”。让我们把道德问题抛开不论：黑格尔是一种鉴赏力……不仅仅是一种德国式的，而且是一种欧洲式的鉴赏力！——一种瓦格纳领会的鉴赏力！——他觉得自己胜任这种鉴赏力！而且使之不朽！——他所做的，就是把它运用到音乐上去——他替自己发明了一种风格，它“意味着无限”，——他成了黑格尔的继承人……音乐作为“理念”——

人们如何理解了瓦格纳！——同一类的人，过去为黑格尔痴迷，今天痴迷于瓦格纳；在他的圈子里，人们甚至以黑格尔的方式写作！——尤其理解他的是德国青年。“无限”和“意义”这两个词业已足够：有了它们，德国青年觉得不可比拟地浑身舒坦。瓦格纳用来替自己征服青年人的不是音乐，而是“理念”：——他的艺术的神秘莫测，这种艺术在千百
37 种象征意义中玩的捉迷藏游戏，其理想的斑斓色彩，这一切把青年人引导和诱惑到瓦格纳身边；瓦格纳的天才之处，是能腾云驾雾，虚张声势，处处在场又无处在场。而这恰恰是

（接上页）理论，感性的世界和理念的世界是二元地互相有别的。

1. 叔本华［……］的伪善：参见《作为意志和表象的世界》I（1844）的“第二版序”。

黑格尔误导和引诱年轻人的相同伎俩！——置身于瓦格纳的森罗万象，丰赡充裕和恣意妄为中，他们以为自己获得了正当性——“被拯救”——。他们浑身颤抖着聆听，在他的艺术中，伟大的象征如何从雾霭蒙蒙的远处，发出轻柔的雷鸣声；他们并不感到恼怒，倘若在他的艺术中，天气还暂时地昏暗，可怕，寒冷。他们难道不全都同瓦格纳本人一样，与坏天气，那德国的天气，性质相似！沃坦[1]是他们的天神：可沃坦是坏天气的神……他们是对的，这些德国青年，他们眼下就是这样：他们怎能同我们其他人一样惦念，我们这些平静快活的人，惦念在瓦格纳身上缺少的东西呢——快乐的科学；[2]轻快的脚步；戏谑，火焰，优雅；伟大的逻辑；星辰的舞蹈；恣肆的智慧；南方使人敬畏的阳光；平静的海洋——完美……

11

——我已经解释了，瓦格纳归属何处——不属于音乐的历史。尽管如此他在音乐史中有什么意义？音乐中演员地位的提升：一个重大的事件，让人深思，或许也让人害怕。用公式说：“瓦格纳和李斯特”[3]。——音乐家们的本分，他们的“真

---

1. 沃坦（Wotan）：日耳曼民族天气、繁殖和战争的最高神祇。
2. 快乐的科学（la gaya scienza）：意大利语。尼采 1888 年同名论著的副标题，涉及法国南部的流浪骑士和歌手，以及普罗旺斯的吟游诗人的文化。
3. 李斯特（Franz Liszt，1811—1886），浪漫主义作曲家和钢琴演奏家，主要根据文学的范本创作交响诗，为钢琴谱写一系列陌生作品的浪漫主义演释曲。自 1863 年起，瓦格纳同柯西玛·李斯特（Cosima Liszt，1837—1930），（转下页）

实性”，从来没有如此严峻地受到检验。情况清楚：伟大的成就，大众的成功，已经不站在真实的一边，——为了获得成功，人们得当演员！维克多·雨果和里查德·瓦格纳——他们意味着同一件事：在文明的没落中，在大众具有决定权的所有
38 地方，本真变得多余，不利，受冷落。只有演员还能煽起伟大的热情。——由此，对演员来说，黄金时代来到了——对演员和对所有与其类型相近的人。瓦格纳敲着鼓，吹着号，行进在朗诵、作表演和技巧纯熟的所有艺术家的前列；他首先说服了乐队指挥，布景制作人和剧院歌手。不能遗忘的还有乐队队员：——他把他们从无聊中“拯救出”——瓦格纳发起的这一运动，甚至波及认识领域：与此有关的全部学科慢慢地从有千百年历史的经院哲学[1]中显露出。谨举一个例子，我想着力强调一下里曼[2]对节奏性的贡献。他是第一个让音乐也注意标点这个主要概念的人（可惜他使用了一个难听的词：他称其为“短句法（Phrasirung）”）。——所有这些人，我带着谢意说这话，是瓦格纳崇拜者中最优秀的人，最可敬的人——他们有充分的理由，崇拜瓦格纳。同样的本能把他们互相连在

（接上页）李斯特与达古尔（d’Agoult）伯爵夫人的女儿，保持了一段起先非正式的关系。

1. 经院哲学：对中世纪的学校哲学的称呼。它试图把基督教的教义学同亚里士多德的哲学理论统一起来。
2. 里曼（Hugo Riemann，1849—1919）：德国音乐研究者，根据他命名的音乐辞典的作者。1888 年 8 月 26 日，在给富克斯的一封信中，尼采批评里曼把标点法运用到对音乐的、节奏和母题的形象划分上，认为这是颓废的现象。

一起，他们把他视为自己的最高典范，他们觉得自己转变成了力量，伟大的力量，自从瓦格纳用自己火热的激情把他们感染。这里，或者在别处，瓦格纳的影响实际上是有益的。在这个领域里，还从未有过如此多的思考，意愿和工作。瓦格纳赋予所有这些艺术家一种新的良知：他们现在对自己要求的，从自己身上得到的，在瓦格纳之前还从未对自己要求过——他们以前过于谦虚。自从瓦格纳的精神占据统治地位以来，在剧院里充溢的是另一种精神：人们知难而上，刻意求精，吝惜褒扬，——善良和优秀被视为准则。鉴赏力不再必要；更不用说声音。人们只是用嘶哑的嗓音来演唱瓦格纳的歌曲：这具有“戏剧性”的效果。甚至天才也被排除在外。富有表情的歌唱[1]无论如何是必须的，正如瓦格纳的理想，那个颓废理想所要求的那样，而它与天才互不相容。同属于此 39
的有德行——也就是驯服，机械，“自我否认”。即不需要鉴赏力，也不需要声音，更不需要天才：瓦格纳的舞台只需要一样东西——德国人！……德国人的定义：服从和长腿[2]……瓦格纳的发迹同“帝国”的崛起[3]时间上恰好吻合，这颇具深意：

1. 富有表情的歌唱（espressivo）：在瓦格纳的意义上，是演员的、词语明白易懂的增强型的宣叙调和表达在戏剧的意图中的统一，与意大利的美声唱法相对。后者为了片刻的风格化的效果而忽视词语和戏剧。

2. 德国人的定义：服从和长腿：影射德国军人的以及恭顺的风度。用腿行军和用脚跳舞；尼采在德国人身上，特别在瓦格纳身上惦念这点。

3. “帝国”的崛起：1871 年德意志帝国成立，普鲁士国王威廉一世（1797—1888）被宣告为皇帝。同年，瓦格纳选择拜罗伊特为节庆演出地，日益以普鲁士为准，调整自己的方向。

这两个事实证明同一件事——服从和长腿。——从未有过更好的百依百顺，从未有过更好的唯命是从。瓦格纳的乐队指挥特别配得上这样一个时代。有那么一天，后人会带着胆怯的敬畏之情，称这个时代为战争的*古典*时代。瓦格纳善于指挥；由此他也是了不起的老师。他指挥时，仿佛是针对自己的坚毅的意志，仿佛是一生都严于律己的人：瓦格纳也许提供了艺术史上自我虐待的最突出例子（——甚至阿尔菲耶里，[1]一向是他最亲近的人，也被他超越。一个都灵人的注解）。

12

我们的演员比以往任何时候更值得受人尊重。但从这个观点出发，他们的危险性并未由此被小觑……不过，谁还会对我的意愿——对这*三项要求*表示怀疑？这次，我的愤怒，我的忧虑，我对艺术的爱，让我启口说出这些要求。

剧院不该支配艺术。

演员不该成为针对本真的诱惑者。

音乐不该成为说谎的艺术。

弗里德里希·尼采

1. 阿尔菲耶里（Benedetto Innecente Alfieri，1700—1767）：意大利建筑师，曾建造都灵的皇家剧院（1740）。他试图用一种古典主义的风格，克服巴洛克的颓败。

附言一

40

结尾之言的严肃性允许我，这里从一篇未刊之作[1]中摘引几个句子，它们至少能让人不怀疑我于此事的严肃性。这篇文章的题目是：瓦格纳让我们付出了什么代价。

追随瓦格纳，要付出高昂的代价。与此有关的一种不祥之感今日尚存。即使瓦格纳的成功，他的胜利，都无法根除这种感觉。可是以前，这种感觉强烈而又可怕，就像一种阴郁的仇恨——几乎贯穿了瓦格纳四分之三的生涯。他在我们德国人中间遭受的抵抗，怎么评价和敬重也不为过。人们像抵制疾病那样抵制他，——不是通过说理——人们不驳斥疾病——，而是带着心理抑制，不信任，厌恶，反感，带着一种隐隐的严肃，似乎在他身上隐伏着一个巨大的危险。从德国哲学的三个流派中，几名美学家挺身而出，使用"如果"

1. 未刊之作：题目是《对里查德·瓦格纳的生理学反驳》。

和“因为”的话语，对瓦格纳的原则不妥协地展开一场荒谬的战争，却使自己出乖露丑——原则对瓦格纳算什么，即使那是他自己的原则！——德国人的直觉中具有足够的理性，能在此替自己禁止使用任何的“如果”和“因为”。直觉会被
41 削弱，倘若它被理性化：因为，直觉理性化以后，它会削弱自己。撇开欧洲颓废的普遍特征于不论，要是在德国人的本质里，还存有一点儿健康的标志，存有对于有害事物和危险倾向的直觉预感，那么我很愿意知道，在他们中间，至少这种针对瓦格纳的隐存的抵制，受到低估。这种抵制赋予我们荣誉，允许我们抱有希望：法国似乎已经没有这么多的健康资本可以挥霍了。德国人，历史上出类拔萃的优柔寡断者，今天是欧洲最落后的文化民族：这自有其好处，——因此他们相对来说最年轻。

追随瓦格纳，要付出高昂的代价。德国人就在此前不久，才忘记了对他的某种恐惧，——摆脱他的念头，不时地浮现在他们心头。[1]——有谁还记得这么一个奇特的情况？那时，

---

1. 瓦格纳究竟是个德国人吗？人们有些许理由这样发问。在他身上发现某种德国的特征，是困难的。作为伟大的学习者，他曾是这样，他学会了模仿许多德国的东西——仅此而已。可他的本质，有违于迄今为止被视为德国式的东西：更遑论德国的音乐家了！——他的父亲是个名叫盖尔的演员。一个盖尔几乎已是一只鹰 *……迄今流传于世的“瓦格纳的生平”**，只是无稽之谈，如若不是什么更糟糕的东西。我承认，我怀疑仅由瓦格纳自己证实的任何一点。他不具备足够的骄傲，去接受关于自己的任何一个真相，没人比他更缺少骄傲；他同维克多·雨果完全一样，即使在自传中也忠实于自己，——他始终是演员。——尼采原注
盖尔［……］一只鹰 *：瓦格纳 1813 年 5 月 22 日出生在莱比锡的犹太人居住区。父亲弗里德里希·瓦格纳（Friedrich Wagner，1770—1813）是警察局书记，母亲约翰娜（Johanna），娘家姓佩茨（Pätz，1774—1848），是他（转下页）

到了最后，完全出人意料，那种旧日的感觉再次浮现。事情发生在瓦格纳的葬礼上。[1]德国第一个瓦格纳协会，慕尼黑协会，在他的坟墓前放下一个花圈，上面是那即刻就闻名于世的献词。“救世主，拯救众生全靠你！”[2]——上面写着。人人都敬佩那口述出这句献词的崇高灵感，人人都敬佩瓦格纳的追随者对此具有优先权的一种鉴赏力；可是，也有许多人 42
（足够地奇特！）对此做了小小的修改：“从救世主那里获得拯救！”——人们如释重负。——

（接上页）们的第九个孩子。父亲于同年死于斑症伤寒。那是他在莱比锡大会战期间被传染上的。1814 年 8 月 28 日，寡妇母亲同画家、宫廷演员和诗人路德维希·盖尔（Ludwig Geyer，1779—1821）结婚。瓦格纳的自传《我的一生》（马丁·格雷戈尔-德林编，慕尼黑 1983 年版，第 9—11 页）证实了这些情况。弗里德里希·瓦格纳和路德维希·盖尔都有具音乐才能的祖先。前者祖先中，直到 17 世纪，有萨克森的唱诗班领唱，后者祖先中，直到 18 世纪，有图林根的唱诗班领唱。——尼采的第二个断言，盖尔（这个词发音同 Geier，意即即兀鹫相似。译者）由于同鹰（Adler）一样，听起来像是犹太人的名字，所以他可能是犹太人，就其出生来看不正确；他的双重攻击，一方面针对瓦格纳那在早年丧父中表现出的、在所有瓦格纳作品主人公身上重复的身份危机，另一方面针对瓦格纳以后的反犹太人主义。

“瓦格纳的生平”**：影射瓦格纳的作者自传《我的一生》，分四个部分，写到 1864 年。由瓦格纳根据他的赞助者，巴伐利亚的国王路德维希二世和他夫人柯西玛的愿望，从 1865 年到 1880 年口授。直到 1911 年，仅有不多的几份在关系密切的朋友中间流传。1869 年，尼采在巴塞尔介绍印出前三卷，并且通读校样。

1. 在瓦格纳的葬礼上：里查德·瓦格纳 1883 年 2 月 13 日在威尼斯的温德拉敏宫去世，2 月 18 日在拜罗伊特下葬。——1871 年，第一个瓦格纳协会不是在慕尼黑，而是在曼海姆成立。
2. “救世主，拯救众生全靠你！”：瓦格纳晚年作品《帕西法尔》的结束语。在那里，这句话既可以是指通过帕西法尔，把基督形体从圣杯守卫习俗中解救出来，也可以指通过艺术，把彼岸的宗教教条化解到此岸的社会行动中。联系到瓦格纳的生命结束，尼采在这里利用了拯救和使其变得多余的双重含义。

追随瓦格纳，要付出高昂的代价。让我们就其对文化的影响估量一下这些追随者。他的活动究竟将哪些人推到了前台？这个活动不断地培育了什么？——首先是外行，是艺术白痴的骄横狂妄。这些人现在组织起协会，打算贯彻自己的“鉴赏力”，想要在艺术和音乐的事物中充当法官。其次：对服务于艺术的每种严格、高贵、认真的训练，表现得越来越满不在乎；代之以对天才的信仰，用德语说，就是对厚颜无耻的业余爱好[1]的信仰（——这样的句子在《工匠歌手》里就有[2]）。第三和最糟糕的：戏剧统治[3]——，关于戏剧之优先地位的、戏剧对各种艺术、对艺术之统治地位的荒唐信仰……我们该千百遍地当面告诉瓦格纳的追随者，戏剧是什么：始终仅仅是艺术的从属，始终仅仅是某种次等的东西，某种粗糙的东西，某种为迎合大众而被扭曲和篡改的东西！对此瓦

---

1. 业余爱好：与艺术的使命不同，对艺术的爱好：这里在布尔热的颓废美学意义中使用。他把颓废主义定义为这样的能力，即敏锐和怀疑地，在知识和情绪上，依次适应生活那彼此不同的立场和表达方式（《心理学论集》，明登 1903，第二章，论“欧内斯特·勒南”，51—65 页）。——也可参见尼采《不合时宜的沉思》第四篇 §2，关于瓦格纳所有艺术中早期的浅薄做法的评论。
2. 这样的句子在《工匠歌手》里：参见汉斯·萨克斯在《工匠歌手》中的结束语：
“尊敬你们的德国大师吧，
这样你们就能吸引友好的英才；
你们要喜欢他们的活动，
神圣的罗马帝国
就会化作一缕青烟，
接着留给我们的
是神圣的德意志艺术！”
3. 戏剧统治：根据神权统治 = 上帝统治。

格纳也没有作任何改变：拜罗伊特是大歌剧[1]——甚至算不上好歌剧……戏剧是鉴赏力之事中民众崇拜[2]的一种形式，戏剧是一种大众起义，一种反对美好鉴赏力的全民公决……瓦格纳事件证明的正是这点：他赢得了众人，——他败坏了鉴赏力，他甚至败坏了我们对于歌剧的鉴赏力！——

追随瓦格纳，要付出高昂的代价。追随者培育出了什么精神？瓦格纳解放了精神吗？——他适合于每种语意双关，每种模棱两可，一切说服无知的东西，而不让别人意识到，他们为了什么被说服。由此瓦格纳是个非常出色的蛊惑者。精神事物中的任何疲惫、无聊、危害生命、诽谤世界的东西，都在他的艺术中秘密地得到庇护——他在理想的光环 43
中隐藏起来的，是最黑暗的蒙昧主义。他恭维每种虚无主义的[3]（——佛教的）直觉，给它披上音乐的外衣，他恭维每种

1. 大歌剧：19世纪悲剧性的歌剧或者严肃的歌剧的法国变体，带有伟大的历史主题，通过咏叹调，合奏和群众场面的戏剧性组合来表演。梅耶贝尔（Giacoma Meyerbeer，1791—1864），德国和犹太人血统，是大歌剧的代表人物。1839年，瓦格纳访问巴黎时，梅耶贝尔没有为他获得进入巴黎歌剧界的机会。瓦格纳对梅耶贝尔的崇拜转变成失望，最后发泄在1850年的论争文《音乐中的犹太教》中，使瓦格纳陷于反犹太人主义的指责中。——尼采从他的立场出发使用这个术语批评瓦格纳。
2. 民众崇拜：根据偶像崇拜 = 盲目崇拜。
3. 虚无主义的（nihilistisch）：来自拉定语“nihi”，“nichts”；原先同对宗教的信仰准则的否定立场有关（基督教神学家奥古斯丁就曾称那些无神论者为“虚无主义者”），最后指否定真正的认识的可能（比如第一次在德国哲学家雅科比1799年的《致费希特的信札》中），否定伦理标准的有效性（比如文化哲学家施蒂纳在他1845年的《唯一者及其所有物》中），或者否定现存的政治权威（比如俄国作家屠格涅夫在他1861年的小说《父与子》中）。生活在（转下页）

基督教信仰，每种颓废的宗教表达形式。请大家竖起耳朵听着：在贫困化生命的土壤上生长起来的一切，超验和彼岸的整个弄虚作假行为，在瓦格纳的艺术中有着它们最高超的代言人——不是通过套话：瓦格纳太聪明，不会靠套话——而是借助一种说服感官的方式，而它又让精神重新变得困顿和疲惫。音乐作为锡西[1]……在这点上，他最后的作品是他最伟大的杰作。《帕西法尔》将在蛊惑的艺术中地位永存，作为蛊惑的天才一笔……我欣赏这部作品，但愿它是我自己写的；在并非如此的情况下，我理解它[2]……瓦格纳最后灵感迸现，状态好于以往。美与疾病结合之巧妙，结果几乎让瓦格纳早年的艺术黯然失色：它太明亮，太健康。你们懂吗？健康和明亮作为暗影起作用？几乎作为异议？……到了这样的程度，我们已经成了纯粹的傻瓜……在郁闷的僧侣的芳香缭绕中，还从未有过一个更了不起的大师，——世上还从未有过同样

（接上页）拜罗伊特的作家让·保尔（Jean Paul，真名 Johann Paul Friedrich Richter，1763—1825）在《美学入门》（1804）中谈论诗学的虚无主义者。布尔热在其《心理学论集》（1883）的第三章里，描述了福楼拜的虚无主义。尼采在《快乐的科学》（1882，§246）首次使用这个概念。在那里，虚无主义被解释为文化的结果，它既牵涉到基督教关于罪孽、死亡、彼岸的拯救的理论，也牵涉到佛教（公元前6世纪在印度由菩萨建立）关于顿悟者从轮回圈的退出、进入涅槃的理论。

1. 锡西（Circe）：这里同时是对出自《帕西法尔》的女骗子昆德莉的另一种描写，比喻通过拯救的音乐的诱惑。
2. 我欣赏［……］我理解它：参见1882年7月25日尼采给加斯特的信，牵涉到《帕西法尔》：“我承认，带着一次真正的惊骇我再次意识到，其实我同瓦格纳是多么地相似。”

的行家！他熟知所有渺小的无限、所有的颤栗发抖和情感奔放，所有出自幸福的方言词典的女权主义。——我的朋友，请喝下这艺术的魔汤！在别处你们再也找不到一种更愉悦的方式，让你们的精神衰竭，在一簇玫瑰花丛[1]下，忘掉你们的男性气概……啊，这个老魔术师！这个所有克林格索尔中的克林格索尔！以此他怎样向我们开战！向我们，向自由的英才！借助那魔幻少女的声音[2]，他怎样对每颗现代灵魂的懦弱进行鼓动！——从未有过对认识的这样一种深仇大恨！—— 44
为了在此不受蛊惑，人们得是玩世不恭者；为了在这里不施礼跪拜，人们必须会尖刻泼辣。好吧，老迈的蛊惑者！玩世不恭者警告你——请提防狗[3]……

追随瓦格纳，要付出高昂的代价。我观察那些长久地受他传染的年轻人。下一个相对来说无害的作用是鉴赏力的“败坏”。瓦格纳所起的作用，犹如对酒精的一种持续不断的消耗。他使人变得迟钝，他堵塞肠胃。特殊的作用是：节奏感的蜕化。瓦格纳的追随者最后称为节奏的东西，被我自己，用一句希腊俗语，称为“搅动泥潭”。但比这更危险的是概念的败坏。青年人成了笨蛋，——成了“理想主义者”，凌驾于科学之上；由此站到了大师的高度。另外，他把自己当成哲

1. 玫瑰花丛：暗指克灵索尔的魔园和迷人的昆德莉。她被她的情人克灵索尔称为“地狱玫瑰”。
2. 魔幻少女的声音：暗指《帕西法尔》第二幕中克灵索尔的魔园中的人物。
3. 请提防狗（cave canem）：同时暗指“玩世不恭者”（Zyniker）的来历，指希腊语“kyon”，即“狗”。

学家；他为《拜罗伊特论坛》[1]撰稿；他以圣父、圣子和神圣的大师的名义[2]解决问题。留下那最最无可救药的当然是神经的败坏。倘若夜间穿过一个较大的城市：人们到处可以听见，有人带着郑重的狂怒对乐器大发淫威——间或爆发出一阵狂野的嚎叫。出了什么事？——一些青年人在对瓦格纳表示崇拜……拜罗伊特同冷水疗养院别无两样。——独具特色的电报这样发自拜罗伊特：已经后悔[3]——瓦格纳对青年男子是有害的；对女人是致命的。从医生的角度发问，什么是一个瓦格纳的女追随者？我觉得，医生让青年妇女作出这种良心上的抉择，是严肃不过的事：这个或者那个。——可她们已经作出选择。不能伺候两个主人，如若其中一位叫瓦格纳。瓦格纳拯救了女人；为此这个女人给他建造了拜罗伊特。彻底的牺牲，彻底的顺从：没有什么东西不会给他。为了大师的利益，女人自己变得贫困，她变得令人感动，一丝不挂地站在他面前。——瓦格纳的这个女追随者——是今日尚存的最

1.《拜罗伊特论坛》(Bayreuther Blätter)：1878 年一份由瓦格纳建议创办的杂志，向各地的瓦格纳协会介绍拜罗伊特节庆演出的审美准则。它表现为一种教条主义的宣传品，替代在此期间业已失去的、尼采的理论支持。

2. 以圣父、圣子和神圣的大师的名义：对基督教祈祷和圣父、圣子、圣灵的三位一体的讥讽，同时是对《拜罗伊特论坛》中瓦格纳文章中意识形态的绝对要求的批评。

3. 拜罗伊特：已经后悔（Bayreuth：bereits bereut）：参见 1876 年 7 月 25 日尼采从拜罗伊特写给他妹妹伊丽莎白的信。由于《神界的黄昏》的排演，同瓦格纳的疏离感已经出现："我几乎已经后悔（bereut）！因为到现在为止情况太糟。从周日中午一直到周一夜里头疼，今天好一些，我根本无法用笔。周一我看了排演，一点儿不喜欢，我不得不离场。"

优雅的模棱两可：她体现了瓦格纳的事业，——而他的事业在她的标记中获胜[1]……啊，这个老强盗！他夺走了我们的青年人，他甚至还夺走了我们的女人，把她们掳掠到他的地狱里……啊，这个老态龙钟的弥诺陶洛斯！[2]他还让我们付出了什么代价！每年有人把成群结队的最俊美的少女少男引入他的迷宫，供他吞噬，——每年整个欧洲都在调音："去克里特岛！去克里特岛！"[3]…… 45

1. 他的事业在她的标记中获胜：影射罗马皇帝君士坦丁大帝（286—337），面对同马克森提（Maxentius，约312）的会战，带着基督十字架，见到空中向他显示的铭文。
2. 弥诺陶洛斯（Minotaurus）：在希腊神话中腓尼基国王的女儿欧罗巴（Europa）被宙斯（Zeus）扮作一头公牛掳掠到克里特（Kreta）岛。他们在那里生下弥诺斯。作为克里特的国王，他拒绝海神波塞冬他应该得到的公牛祭品。波塞冬展开报复，让王后帕西淮（Pasiphae）同一头公牛结合，生下人身牛首的怪物弥诺陶洛斯。他把弥诺斯关进由代达罗斯（Daidalos）设计的迷宫里。被征服的雅典人必须每年把七个男童和七个女童送上克里特岛，供弥诺陶洛斯吞噬。最后，弥诺斯的女儿阿里阿德涅给了忒修斯一个线团，让他找到逃出迷宫的路，并杀死这个怪物，把雅典从纳贡中解脱出来。被忒修斯遗弃的阿里阿德涅后来同狄奥尼索斯结婚。——1889年1月初病倒以后，尼采从都灵给柯西玛写信："阿里阿德涅，我爱你。狄奥尼索斯"
3. "去克里特岛！"：出自奥芬巴赫（Jacques Offenbach）《美丽的海伦娜》的合唱。参见1888年8月24日尼采给加斯特的信。

46

附言二

我觉得，我的信容易遭人误解。在某些人的脸上展现出感谢的皱纹；我甚至听见一声轻微的欢笑。我宁愿在此如同在许多事情上，被人理解。——然而，自从在德国精神的葡萄园[1]里有了一头新的动物，那帝国的怪龙，[2]那著名的犀牛，[3]我的任何一句话都无人理解。十字架报[4]已经向我证明这一点，更不用说文学中心报。[5]——我已写给德国人的书，是他

1. 葡萄园：参见《马太福音》20：1—16。
2. 帝国的怪龙：对德意志帝国的拟人化，把它当作看护尼伯龙根黄金宝藏的龙、法夫纳（瓦格纳《西格弗里德》II）。
3. 犀牛（Rhinoxera）：也许是犀（Rhinozeros）和根瘤蚜（Phylloxera）、葡萄根瘤蚜（Reblaus）的双重组合。
4. 十字架报：指的是保守的《新普鲁士报》，柏林 1848—1938。
5. 文学中心报：指的是《莱比锡学术周刊》。22 岁的尼采曾在上面发表他的书评（参见 1888 年 4 月 10 日尼采给格奥尔格·布兰代斯的信）。

们所拥有的最深刻的书籍[1]——可德国人有足够的理由，对此
一窍不通……要是我在这篇文章里对瓦格纳开战——顺便说
一下，对一种德国式的“鉴赏力”开战——，要是我对拜罗
伊特的呆小病言辞激烈，那么我绝对不愿意，以此对其他一
些音乐家表示敬意。在反瓦格纳的事情上，其他音乐家不在
考虑之内。情况糟糕透顶。没落是普遍性的。病入膏肓。要
是瓦格纳的名字代表音乐的衰败，犹如贝尔尼尼[2]代表着雕
塑的衰败，那么他并非衰败的原因。他仅仅加快了它的速
度，——当然以这样一种方式，人们站在那几乎是突如其来
的坠落和深渊之前，惊恐万状。他具有颓废的天真：这是他
的优势。他笃信这种优势，他从不在任何颓废的逻辑前退 47
缩。其他人则犹豫不决——这就是他们之间的差别。别无其
他！……瓦格纳和“其他人”之间的共同点是——我列举数
端：组织能力的衰退；传统手段的滥用，缺少合乎目的、证
明自身有效的能力；在模仿伟大形式中的弄虚作假行为，而
想胜任这些形式，今大尢人足够地强大，骄傲，自信，健
康；细小事物中的过度活力；为了效果不惜一切；狡黠作
为贫困化生命的表达形式；更多的神经代替肉体。——我只

1. 最深刻的书籍：主要指的是《查拉图斯特拉如是说》(1883—1885)，《善恶的彼岸》(1886)，《论道德的谱系》(1887)。

2. 贝尔尼尼（Lorenzo Bernini，1598—1680）：意大利建筑工程师和雕刻家、意大利巴洛克艺术的创始人、建筑师，罗马的圣彼德广场也是他的作品。也曾在法国路德维希十四的宫廷工作。

认识一个音乐家，[1]他今天还有能力，用整块的木头雕出一首序曲：可无人识他……今天的名人，与瓦格纳相比，写不出“更好的”音乐，只能写出更飘忽不定，更无关紧要的音乐：——而更无关紧要的原因是，整体就在这里，不完整由此会被抛弃。不过瓦格纳是完整的；不过瓦格纳是完全的堕落；不过瓦格纳是勇气，意志，堕落中的信念——约翰·勃拉姆斯算什么！……他的幸运在于一种德国的误解：人们把他当作瓦格纳的反对者，——人们需要一个反对者！这制作不出必要的音乐，这主要制作出太多的音乐！倘若人们不富有，就应该有足够的骄傲安于贫困！……勃拉姆斯[2]到处获得的同情，完全撇开派别利益和派别误解，长久以来对我是个谜团：直到我终于，几乎通过一个偶然的机会，了解到真相。原来他对某一类特定的人产生影响。他具有怯懦无能的忧郁情怀；他的创作不是来自充裕，他渴望充裕。除去他模仿的东西，他从伟大古老，或者异国情调和现代艺术的风格形式中借鉴的东西——他是剽窃的大师——，作为他最为本真的东西，留存的是渴望……各类心怀渴望者和满腹牢骚者
48 可以领会这点。他太缺乏个性，太不是中心……而那些“无

1. 一个音乐家：指彼德·加斯特（1854—1918），作曲家，尼采的学生和朋友。根据尼采的建议，试图在歌剧《威尼斯的狮子》（1901 年首演）中，针对瓦格纳，重新振兴欢快的诙谐歌剧。

2. 勃拉姆斯（Johannes Brahms，1833—1897）：浪漫派德国作曲家，在其交响曲和室内乐作品中，追求贝多芬传统中的，浪漫主义的表达和古典主义主题作品之间的平衡。勃拉姆斯派和瓦格纳派曾激烈地互相攻击。

个性者，”那些边缘人懂得这点，——他们为此而喜欢他。在特殊情况中，他是某种得不到满足的女人们的音乐家。再走五十步：就遇到瓦格纳的女追随者了——完全像越过勃拉姆斯五十步能找到瓦格纳一样——，瓦格纳的女追随者，一种更突出、更有趣，尤其是*更优雅*的一类人。勃拉姆斯令人感动，只要他悄然地幻想联翩，或者顾影自怜——在这点上他是“现代的”——；他会变得冷漠，他会与我们不再有任何干系，只要他*继承*古典主义……人们喜欢把勃拉姆斯称为贝多芬的*继承人*：我不懂更为小心的委婉语。——今天，音乐中对“伟大风格”提出要求的一切，*要么*错误地反对我们，*或者*错误地反对其自身。这种二者择一，它足以让人深思：它包含了一种关于两种情况之价值的决疑论。“错误地反对*我们*”：大多数人的直觉对此提出抗议——他们不愿受骗——；当然我自己总是宁要这种类型而不要另一种类型（“错误地反对自己”。）这是我的鉴赏力。——为“精神贫乏者”说得更明白些：勃拉姆斯——*或者*瓦格纳……勃拉姆斯*不是*演员。——*其他*音乐家中的很大一部分人，可以被纳入勃拉姆斯的概念。——关于模仿瓦格纳的聪明的猴子，比如关于戈尔德马克，[1] 我不置一词：拥有《示巴女王》，人们就归属动物园，——可以公开展览。——今天能做好的，能做得完美

1. 戈尔德马克（Karl Goldmark，1830—1915）：奥地利作曲家，他的歌剧《示巴女王》1875年首演。

无缺的，只是微末小事。正派本分仅在这里有可能。——但是，在主要方面，没有什么能让音乐摆脱其主要问题，摆脱其作为生理矛盾之表达的厄运，——即现代性的厄运。最出色的教育，最认真的训练，原则上的亲密性，甚至荒疏同昔日大师的交往——这一切只有缓解症状的作用，更严格地
49 说，只有幻觉的作用，因为人们体内，已无此条件：无论是亨德尔那样强大的族性，还是罗西尼[1]那充溢的兽性。——并非每个人都有权利接受每个老师的教诲：这适用于全部的时代。——在欧洲的某个地方，也许还存在着更强大的种族、典型的不合时宜的人类的残余，就事论事地说，这样的可能性未被排除：也许还能希望，同样也为音乐，从那里获得一种姗姗来迟的美和完满。倘若我们还能亲历此事，那么至多只是例外。堕落是至上的，堕落是宿命。上帝也无法把音乐从这个定律中解救出。——

1. 罗西尼（Giacomo Rossini，1792—1868），意大利作曲家，诙谐歌剧最后的代表之一。

后记

50

——让我们先从这个逼仄的世界暂且引退，喘口气。每个针对个人价值的问题，都判定精神要面对这个世界。一个哲学家，当他长久地关注了这个“瓦格纳事件”以后，觉得自己需要洗手。[1]——我要给出自己对现代的理解。——每个时代以其尺度的力量，具有自己的尺度，允许那些德行，禁止哪些德行。要是它拥有升华的生命的德行：那么，它从最深层的原因出发，抵抗衰败的生命的德行。或者它自己是一种衰败的生命，——这样的话，它也需要衰败的德行，这样它就憎恨从丰盈，从力量的富足出发，仅仅证明自身权利的一切。美学的原则不可分解地同这些生物学的条件紧密相连：有颓废的美学，有古典的美学，——一种“自在之美”同整个理想主义一样，纯属幻想。——在那所谓道德价值的狭窄

1. 需要洗手：根据《马太福音》27：24 中的彼拉多。

领域里，除了一种主人道德和基督教价值概念[1]的对立，找不到一个更大一些的对立：后者在一片全然病态的土壤上生长（——福音书恰恰给我们展示出同样的生理类型，如同陀思妥耶夫斯基小说描绘的那样）。相反，那主人道德（“罗马的”，
51 “异教的”，“古典的”，“文艺复兴”）却是状态良好、升华的生命、权力意志作为生命原则的象征语言。主人道德本能地肯定，而基督教道德本能地否定（“上帝”，“彼岸”，“自我否定”，全是些否定词）。前者将其丰盈赠予事物——它焕发光辉，美化对象，让世界变得明智——。后者让事物的价值变得贫乏穷困，黯淡无光，丑陋不堪，它否定世界。“世界”是基督教的一个脏词。——在价值的视阈中，这种对立形式的双方，都是必要的：它们是人们既不能依靠理由，也不能凭借反驳来对付的类型。人们不反驳基督教，正如不反驳一种眼疾。有人反对悲观主义如反对一种哲学，这是有教养的愚蠢的极点。我觉得，“真实”与“不真实”的概念在视阈中毫无意义。——人们必须抵抗的，仅仅是虚假，是不愿把这种对立视为对立的本能的两面性：比如瓦格纳的意志，

---

1. 主人道德和基督教价值概念：尼采在这里把他的道德理论同瓦格纳在其《英雄气概和基督教》（1881）中的思考相对照。瓦格纳在自己的文章里，以奇特的方式把种族主义的和基督教道德的论据掺和在一起。首先他依照法国作家戈宾诺（Joseph-Arthur Grafen de Gorbineau，1816—1882），指出种族的不平等，白种人的特权，以及由于他们同低等民族的交融而产生的蜕化。相反，在第二步中，他在基督教和叔本华的意义上，把基督的牺牲解释为一种囊括所有种族的同情道德的象征。这种道德用英勇的基督教殉难者，代替种族上已经变得不可能的受难的英雄。

它在这类造假中的精湛技艺非同小可。它对主人道德、对高贵的道德斜眼窥视（——伊斯兰的传说[1]几乎是其最重要的文献——），同时滔滔不绝的，还有关于“卑贱者的福音”，[2]关于拯救之需求的相反教义！……顺便说一句，我惊叹前往拜罗伊特的基督徒们的谦逊。我本人可能无法忍受一个瓦格纳那样的人挂在嘴上的某些话。存在着一些不适合拜罗伊特的概念……怎么？一种，也许由瓦格纳的女追随者，为瓦格纳的女追随者安排好的基督教教义——难道因为瓦格纳在晚年完全是女性的——？再说一遍，今天的基督徒对我来说过于谦逊……倘若瓦格纳是一个基督徒，那么，李斯特也许是个教父！[3]——对于拯救的需求，基督教全部需求的总括，同这 52
一类的丑角毫不相干：它是颓废的最诚实的表达方式，它是用高超的象征和实践，对颓废做出的最令人信服和最痛苦的肯定。基督徒想摆脱自身。自我总是值得憎恨的。[4]相反，高

1. 伊斯兰的传说：指的是旧埃达（约 1250）中的伊斯兰神话诗和英雄诗，它们传播了来自基督降生以前伊斯兰（1000 年前）的传说，被瓦格纳用作《指环》创作的来源。同时暗指他《论道德的谱系》第一章“善与恶”里贵族的价值对立的来源。

2. “卑贱者的福音”：根据法国作家勒南的同样表述。

3. 教父：为教会所认可的对古代基督教作家和哲学家（比如奥古斯丁，354—430）的称呼，讽刺性地用在李斯特身上。1861 年教会收回了对侯爵夫人维特根斯坦（Wittgenstein）与丈夫离婚和同李斯特结婚的允许。此后他于 1865 年在罗马接受授以低等教士圣职的仪式。作为教士艺术家，李斯特继续代表非正统的宗教立场。他关于罗马天主教教会音乐改革的建议被教皇庇护九世拒绝。

4. 自我总是值得憎恨的（Le moi est toujours haïssable）：法国哲学家和数学家帕斯卡（Blaise Pascals，1623—1662）在其《关于宗教的思想》（1670）中的名句。

贵的道德，那种主人道德，根植于一种得意洋洋的、对自身的肯定，——它是自我肯定，生命的自我美化，它同样需要高超的象征和实践，但仅仅“因为它心里太充满”。[1]一切美的，一切伟大的艺术都归属于此：而双方的本质都是感激。另外，人们不能从那里排除一种本能的反感，那是针对颓废，针对一种讥讽，甚至针对一种面对其象征的恐惧的反感。这几乎是它们的证明。高贵的罗马人认为基督教是可憎的迷信（foeda superstitio）：我还记得，有着高贵鉴赏力的最后一个德国人，那个歌德，如何感受十字架。寻找更有价值的、更加必要的对比是徒劳无益的……[2]

——不过像拜罗伊特人的这种虚假，今天不是例外。我们大家都认识基督教容克贵族[3]的非审美的概念。在这类矛盾之间的无辜，谎言里的这种“善的良知”，[4]相反具有出色的现代性，人们几乎可以据此界定现代性了。从生物学角度来看，现代人展现出一种价值矛盾。他脚踩两只船，他同时道
53 出是和否。恰恰在我们的时代里，虚假自身成了肉身甚至天

1. “因为它心里太充满”：参见《马太福音》12：34。

2. 关于“高贵的道德”和“基督教道德”，我的《论道德的谱系》曾首次予以论述：在宗教和道德认识史上，也许没有比这更具决定性意义的转折点了。这本书，是我发现谁是我的同路人的试金石，有幸被最深邃的和最严格的思想家所接受：剩余者缺少听它的耳朵。事事须有激情，可今天无人再有……——尼采原注

3. 基督教容克贵族：根据尼采的道德分析，瓦格纳的人物，比如在唐豪瑟、罗恩格林和帕西法尔身上，不可以地掺和着奴隶和主人道德。

4. 善的良知：参见《论道德的谱系》第二章。

才，这毫不奇怪？瓦格纳“住在我们中间”[1]？我把瓦格纳称为现代性的卡廖斯特罗，这并非没有道理……可我们大家的肉身中，背离我们的认识和意愿，都有着来源截然不同的价值观，词语，规则和道德，——从生理学角度看，我们是虚伪的……对现代灵魂的一个诊断——应该如何着手？通过对这本能矛盾体的果断切入，通过对其对立价值观的清理分解，通过对其最富教益之事件施行活体解剖。[2]——对哲学家来说，瓦格纳事件是桩意外幸事，——容我告之，这篇论著受到这感激之情的启示……

---

1. 虚假［……］瓦格纳“住在我们中间”：讽刺性地模仿《约翰福音》1：14：“道成了肉身，住在我们中间”。
2. 活体解剖（Vivisektion）：对有生命的动物施行手术。瓦格纳在《致恩斯特·封·韦伯先生，“科学的审讯室”一文的作者的公开信》中，明确地反对对动物进行活体解剖。

尼采反瓦格纳 414

一个心理学家的笔记

编者说明*

这篇文章是论争文《瓦格纳事件》的某种附件。尼采了解后者所引起的反响，在一篇为《尼采反瓦格纳》所写但未采用的前言文本中，他抱怨德国人再次接受他的一部作品时，所表现出的“鉴赏力的全然缺失”（考订版14卷523页）。1888年12月，他提到一个计划，为了证明和解释他对瓦格纳的敌对立场，收集他以前论著中的众多段落，以部分地修订的文本出版［参见《尼采反瓦格纳》的第一个注释。译者］经过多次犹豫后——在此期间他已经读了校样——1889年1月2日，在精神错乱发生前不久，他告诉出版人，计划的论文“已完全过时”。从那以后一直存有争议，1889年以少量样本出版的《尼采反瓦格纳》，在何种程度上是一个由尼采授权出版的本文，哪些部分属于可能的最终的文本。这里的版

* 本书根据 Friedrich Nietzsche，*Nietzsche contra Wagner*，Goldmann Klassiker 1988年版译出，编者说明和注释均为波恩大学德语古典文学教授 Peter Pütz 撰写。——译注

本遵循科利 / 蒙提纳里（Colli/Montinari），同施勒希塔版不同，收入了“间奏曲”这一章，以及结尾诗“论最富有者的贫穷”。

文章基本上由来自《人性的，太人性的》，《瞧这个人》和《狄奥尼索斯颂》的段落拼装而成，所以本质上看不出有什么新的增添，但有明显的强调，特别在对所选文本的修订中，这点清晰可见。一方面，与瓦格纳的敌对立场，在新近的论争文之后可能的情况下，得到进一步激化；另一方面，对于敌手的尊敬之情如此明显，以至于这次表现出的，与其说是面对生理方面身处劣势的艺术家，一种居“事件”之上的高亢，不如说是两个对手之间的某种平衡。不管是“反对”（contra）这个词，还是章节的编排，都体现出两个互相尊重的对手的图像。情况如下：在“我有异议的地方”之前，是“我敬佩的地方”，而这样的同级别性，最清楚地表现在“我们是对跖人”的标题上。

同以往一样，瓦格纳被视为致病的危险，所有器官都得动员其防御力量，抗击这种危险：尼采的批判目标一直是拜罗伊特。作为浮夸的戏剧演出的概括，它麻醉大众，欺骗个体，或者把他们当成傻瓜作践。瓦格纳音乐越是服务于效果，混乱之于节奏、肆无忌惮之于审慎周全的控制就越是粗暴。就尼采的观察，在文化发展进程中，音乐往往在其高峰以后，才达到自己的全盛和圆满时期，比如他把亨德尔称为对路德的、把莫扎特称为对法国大革命前旧制度（ancien régime）

的完善。与此相应，类似的情况也适用于现代派和瓦格纳，而根据这样的视角，瓦格纳体现的是颓废派的深渊和顶峰。他诱惑了大众，但也以对于最细微之情调的体验，开拓了全新的精神境界。而尼采敬佩瓦格纳的，是他把自身，尤其把他的痛苦转换成音乐的一切做法。他强调音乐家同现代法国艺术家们的亲缘关系，这些艺术家们虽然病态十足，但在活力方面无人可及；他再次指出自己同瓦格纳的亲合性。而为了能比以往任何时候更加孤独地继续寻找自己的道路，他得以最最痛苦的努力，才能摆脱瓦格纳。

威尼斯诗

包括威尼斯诗的“间奏曲”这一章，同《瞧这个人》的第七篇《我为什么这样聪明》是一致的。尼采在这里以南方对抗所有的德国和北方，褒扬像罗西尼及其威尼斯朋友那样的艺术家；他以意大利的方式称这个朋友为“彼德罗·加斯蒂”(Pietro Gasti)。在这里，音乐就他看来简直同南方，亦即与“惊骇”、“眼泪”和“幸福”意义相同。对此的另一个词在他的眼耳中是“威尼斯”。

最近，在灰蒙蒙的夜里
我伫立桥旁。
远处传来歌唱；
金色的珠点汩汩涌现，

掠过颤动的水面。
威尼斯游艇，灯光，乐曲——
沉醉地漂进暮色远去……

我的灵魂，犹如一曲弦乐，
被无形之手拨动，
为此悄然唱起一首游艇之歌，
由于多彩的极乐而战栗。
——或许有人在凝神静听？

这首诗分七行和五行两段，其诗行长短不一，就是韵律也非统一。但是一以贯之的扬抑格与一重二轻律的连接占主导作用，所以说它属于“自由韵律”，看来不完全合适。另外还有词的简写形式，比如“quoll's”（涌现）、“schwamm's”（漂），服务于诗韵上严格的分段。同样的、处于对传统秩序的消解和维持之间的游移状态，存在于对韵脚连接的放弃、和用准压韵对其的替代中，或者出现在诗行的结尾处（伫立“stand”，夜“Nacht”，歌唱“Gesang”），或者在一个诗行的中间（金色的珠点汩汩涌现“goldener Tropfen quoll's”）。而起这样替代作用的还有头韵法（“Brücke”桥，“brauner”灰蒙蒙的，“Seele”灵魂，“Saitenspiel”弦乐，“Seligkeit”极乐）。作为针对没有关联的解救办法，另一个稳定性的因素是在所有诗行中同样得以强调的、单音缀韵的结尾。

这首经常被称为“印象主义”的诗歌的典型特征，是从抽象到具体，从感性到概念的直接过渡，比如在“灵魂”和“弦乐”，以及在“多彩的极乐”的词句中。与这个理智和感官刺激的紧密关联相呼应的，在另一层面，是从听觉的感知媒介进入视觉的感知媒介的过渡，而最终两者合二为一。

开头的两行诗句，或多或少地提供了准确的地点和时间说明。对“桥旁”的定冠词，在同威尼斯的关联中，可以指那著名的丽都桥。不过比这类事实联系更重要的，是关注这座桥的诗之主体的自信。在第三行中，他听见从远处传来的歌唱，而歌唱又以联觉的方式转变为视觉的刺激（“珠点”，“颤动的水面”，“威尼斯游艇”，“灯光”），但又仍然作为“音乐”，继续为自己创造听觉，最后在“漂”中不确定地汇集一处，在远处重新消逝。

第二段以第一人称的物主代词，同前面诗行的我的陈述建立联系，表现出印象对于诗歌主体的作用。就是在这诗歌主体身上，视觉和听觉现在也归并为一，听到的和见到的，歌唱和游艇，激发这个“我”唱出一曲“游艇之歌”，而诗歌之外被涉及的、关于“恐惧”和“幸福”的联系也得到表达，尽管诗中这样写道：“由于多彩的至福战栗”。战栗在最后一行那小心翼翼的提问中也可感知：“或许有人听它？”对于来自外部的印象，也许“我”有一种建设性反应，不过，他自身言论的效果如何？他找得到听众吗？这个孤独的自我能够对别人或者至少对另一个人诉说衷肠吗？或者，这个自我是否害怕被听见，或者羞于吐露自己？他“悄然”地歌唱，不是无缘无故。

这首诗从形式到内容上，都演示出两个主题那最内在的联系：音乐和威尼斯。代表前者的是“歌唱”“音乐”“弦乐”“唱起”“游艇之歌”“听”；谈及南方城市的是“桥”“水”“威尼斯游艇”“光”，以及“灰蒙蒙的夜”。撇开意大利传统（“notte brunna”），在其由明亮和黑暗那神秘的过渡区域里——黄色的光线可以给出灰蒙蒙的色调——这“灰蒙蒙的夜”表达出幸福和忧虑的调和。诗句那智力的和感官的音乐性依赖于丰富多样的协调（准压韵和头韵法等），依赖于不同的主题因素的统一（音乐—威尼斯），依赖于听和看的联觉，特别依赖于外部世界同内在世界、感动和受感动、从远处传来的威尼斯—歌唱同诗歌主体的歌的协调一致。那吟唱的，是对联合的渴望，是深深的孤独。

前言

415

以下的章节全部从我以前论著中选出，[1]不无谨慎小

1. 从我以前论著中选出：根据1888年12月10日写给阿芬那留斯（Ferdin and Avenarius）的信，尼采有意从他自1876年以来出版的论著中，从自己那狄奥尼索斯的创造天性应对瓦格纳的颓废的角度出发，把针对瓦格纳的论争性文字归拢一处。1888年12月15日，他写信给出版人瑙曼："自从我在《瓦格纳事件》中写了一出小小的喜剧之后，现在严肃要发话：因为我们——瓦格纳和我——从根本上讲，共同经历了一个悲剧。"在莱比锡出版社1888年12月22日的长条校样里，按照尼采的意愿，在"瓦格纳作为危险"这一节之前，以"间奏曲"为题，可以看到那在《瞧这个人》("我为什么这样聪明"，§7）中引过的威尼斯诗。结尾则由《狄奥尼索斯颂》中的"论最富有者的贫穷"组成。这两篇文字都收入了眼前的这个版本。1889年1月2日，在都灵精神崩溃的前一天，尼采发电报，收回他的印刷许可，只让出版《瞧这个人》。——单个的段落（大多通过修辞的和内容的修改）引自下列著作："我敬佩的地方"：《快乐的科学》(1882)，§87—"我有异议的地方"：同上，§368—"间奏曲"：《瞧这个人》，"我为什么这样聪明"(1889)，§7—"瓦格纳作为危险"：1.《人性的，太人性的》II，"杂谈和箴言"(1879)，§134；2. 同上，"漫游者和他的影子"(1880)，§165—"一种没有前途的音乐"：《人性的，太人性的》II，"杂谈和箴言"，§171（重大改动）—"我们是对跖人"：《快乐的科学》，§370："什么是浪漫主义"(在关键处有改变和简写）—"瓦格纳属于哪里"：《善恶的彼岸》，§254（第一部分，论争性上激化），§256（中间部分，重大改动）—"瓦格纳作为贞洁的信徒"：1. 同上，§256（最后的诗句，修辞上轻微改动）；2.《论道德的谱系》III，§2（最后部分，语句稍稍缓和）；3. 同上，§3（有改动）—"我怎样摆脱瓦格纳"：1.《人性的，太人性的》II，"前言"(1886)，§3（第一部分通过反（转下页）

心——有的章节可以追溯到1877年——，在有些地方表达也许更加清楚，尤其是得到了精简。顺序读来，对于里查德·瓦格纳，也对于我，都不会留下任何疑问：我们是对跖人。在阅读时，人们也许将领会其他一些东西：比如，这是一篇为心理学家写的散论，而不是为德国人写的……我到处有自己的读者，[1]在维也纳，在圣彼得堡，在哥本哈根和斯德哥尔摩，在巴黎，在纽约——但是在欧洲的平原德国却没有……我也许还曾对意大利的先生们说过一句悄悄话，我爱他们，正如我爱……还需要多久，你们这些头发鬈曲的人[2]……三国联盟：[3]一个智慧的民族同“帝国”只能缔结一种屈尊俯就的婚姻……

弗里德里希·尼采

都灵，1888年圣诞节

（接上页）犹太人主义指责和对与瓦格纳联系的承认得到加强）；2. 同上，§4（几乎没有改变）—“心理学家发言”：1.《善恶的彼岸》，§269（第一个三分之一）；2. 同上（第二个三分之一，有改动）；3. 同上，§270（结尾有缩减）—“后记”：1.《快乐的科学》，前言（1886），§3（开头和结尾有缩减、更个性化的语调）；2. 同上，§4（分段，轻微改动）—“论最富有者的贫穷”：《狄奥尼索斯颂》，最后的诗（1891）。

1. 我到处有自己的读者：参见《瞧这个人》，“我为什么写出了这样的好书”，§2，以及尼采1887—1888年在信中提到的，主要是通过丹麦人布兰代斯（Georg Brandes，1842—1927）在哥本哈根大学（1888）的讲座带出的接受。
2. 还需要多久，你们这些头发鬈曲的人（Quousque tandem，Crispi）：根据西塞罗（Cicero）针对卡蒂里那（Catilina）第一篇讲演的开头自由发挥；“头发鬈曲的人”指意大利人。
3. 三国联盟（Triple alliance）：暗指1872年由帝国总理俾斯麦在德意志帝国，奥匈帝国和意大利之间促成的三国联盟，但它并没有清除后两个国家之间的紧张关系。它是持续到1890年的俾斯麦联盟政策的一部分，目的是孤立法国。

我敬佩的地方

我相信，艺术家们通常不明白，自己最擅长什么：他们的心智指向某种更骄矜的东西，不愿显现为微末的花草；而它们新奇、罕见和美丽，懂得如何在自己的土地上完美地生长。他们自己花苑和葡萄园中那些其实美好的东西，就这样受到他们低估，他们的喜爱和他们的理解力就处于不同的等级。可这儿有一位音乐家，能从受难的、受压迫和受折磨的灵魂王国中寻觅音符，赋予沉默之苦难以语言，在这方面比任何一位音乐家更出色。在晚秋的斑斓里，在一种最后的、最终极和最短暂的享受那无法描述地令人动情的幸福中，没人能与他比肩。他熟悉一种表现出灵魂那隐秘和可怕的午夜的音调，那时，原因和效果似乎脱节解体，[1] 某些东西时刻都

1. 脱节解体：根据莎士比亚《哈姆莱特》，I，5："时间脱节解体。"（奥古斯特·威廉·施莱格尔的翻译）

会“从虚无中”产生。[1]他最喜欢做的，是从人类幸福最深
邃的基底汲取养料，仿佛从其被喝干的杯[2]中啜饮，而在那
里，最苦涩和最难喝的汁液最终同最甜蜜的汁液汇成一处。
他熟悉灵魂那疲惫的彳亍，它不再能跳跃飞翔，也不能再徒
步行走；他战战兢兢地窥见了深藏的痛苦，缺少安慰的理
418 解，没有坦白的告别；对了，就像俄尔甫斯[3]窥见了所有隐秘
的苦难，从而比任何人伟大。有些东西正是通过他，被归诸
艺术，而这些东西以前从未得到表达，看上去没有艺术的资
格——比如愤世嫉俗的反叛者，只有那受苦至深者，才有能
力成为这样的人，同样还有一些灵魂那最细碎和微小的东西，
仿佛是灵魂那双重天性的鳞屑——，对了，他是所有微末事
物的大师。可他不愿做这样的人！相反，他的性格热爱宏阔
的墙壁和大胆的壁画！……他忽视了，他的精神具有另一种
鉴赏力和倾向——一种相反的视角——，最喜欢在坍塌的房
屋角落中静静安坐：在那里藏身，把自己藏匿起来，构思出
他真正的杰作，它们全都很短，常常只有一个节拍，——那
时他才变得完全优秀，伟大和完美，也许仅在那时。——瓦

1. “从虚无中”产生：暗指中世纪理论，上帝从虚无中创世。

2. 被喝干的杯：暗指瓦格纳《特里斯坦和伊索尔德》中爱情和死亡饮料的母题。

3. 俄尔甫斯（Orpheus）：希腊神话人物，一个色雷斯的河神和史诗缪斯卡利俄珀的儿子；被视为有天赋的歌手和音乐创始人，甚至能以音乐对大自然施魔法。依靠他的音乐，俄尔甫斯成功地把他那已经死去的妻子欧律狄刻，从冥府救出。在返回上界之前，他不允许回头看她，但由于爱，他违背了禁令，重新失去欧律狄刻。悲伤的俄尔甫斯，被极度兴奋的酒神狄奥尼索斯的疯狂少女们撕碎。他的肌肤歌唱着漂浮在大海上，漂到列斯堡岛。

格纳是这样一个人，曾深受苦难——这是他面对其他音乐家的优势。——我敬佩瓦格纳，在他把自己置身于音乐的所有事物中。——

我有异议的地方

就此并不是说，我以为这样的音乐是健康的，至少恰恰在它涉及瓦格纳的地方。我对瓦格纳音乐的异议是生理上的异议：为什么要给这些异议，披上审美公式的外衣呢？美学其实仅是一种应用生理学。我的“事实”，我的“真实的小事”(petit fait vrai)是，一旦这种音乐开始对我起效，我就无法轻松地呼吸；我的脚也立刻对它感到愤怒，要反抗：它渴望节拍，舞步，进行曲——甚至那年轻的德国皇帝也无法根据瓦格纳的《皇帝进行曲》[1]行军——，他首先要求音乐的

1. 瓦格纳的《皇帝进行曲》：1871年为了庆祝帝国成立，对普鲁士国王弗里德里希·威廉四世（1795—1861，1840—1857在任）表示敬意而作。他开始曾屈服于1848年三月革命的压力，但在1849年以对小德意志皇冠的拒绝，把普鲁士带入一个反动的阶段。作为“皇位上的浪漫主义者”，他曾是一种基督教—德意志意识形态的代表，1857年在一次中风后精神失常。还在1866年，他被瓦格纳称为“弱智的君主”(参见马丁·格雷戈尔-德林：《里查德·瓦格纳》，(转下页)

是迷醉，而这存在于出色的行走，迈步和舞步中。我的胃难道不会抗议吗？我的心脏？还有我的血液循环？我的内脏难 419
道不会愁肠百结？而此时，难道我的嗓子也不会立刻变得嘶哑……为了聆听瓦格纳，我需要热劳德尔的药片[1]……因此我自问：我的整个肉身究竟想从音乐中得到什么？因为世上没有灵魂……我相信，它要的是轻松：就像所有动物的功能，通过轻盈、奔放、欢快和自信的节奏，能够得到加速一样；就像那坚韧、沉重似铅的生命，通过纯真、亲切和圆润的音调，能卸去它的负重。我的忧伤要在完美的藏匿处和深渊里栖息：为此我需要音乐。但瓦格纳让人得病。——戏剧与我有何干系？还有那些让人民——谁又不是“人民”！——满意的“道德”狂热的痉挛！另有演员们那全部的哑剧戏法！[2]——旁人可以看到，本质上我是个反戏剧者，针对戏剧，这种出色的（par excellence）大众艺术，我在自己灵魂的底部，有着今天每个杂耍演员都具有的深深的嘲讽。谁在

（接上页）慕尼黑 1984 年，第 640 页）。《皇帝进行曲》服务于瓦格纳在普鲁士的文化政治和财政的游说活动。1872 年在柏林，在弗里德里希·威廉四世的兄弟、威廉一世（1797—1888）在场的情况下，为了庆祝拜罗伊特节庆剧院的奠基，《皇帝进行曲》进行了首演。

1. 热劳德尔的药片（Pastilles Gérandel）：指药剂师热劳德尔（A.Géraudel）（被尼采错误地写为 Gérandel）的著名支气管哮喘片剂。1888 年 1 月 4 日，他曾在巴黎的《费加罗》报上，登出半个版面的广告，为了把效果平常的止咳糖，胶囊，糖浆，蜜酒，橡皮糖，五针松汁等挤出市场。

2. 戏法（Hokuspokus）：魔术咒语，也贬指“骗人的把戏”，对基督教晚餐习惯套语的歪曲：“因为这是我的身体”；参见《马太福音》26，26。

戏剧舞台上成功——他就会在我的视阈里永远消失；要是失败——那我就会竖起耳朵，开始留意……但瓦格纳相反，除了那个写出现存最孤寂之音乐的瓦格纳，其实还有一个戏剧行家和演员，同样还以音乐家身份出现的、曾经有过的最富激情的表演迷……顺便说一下，倘若这是瓦格纳的理论，即“戏剧是目的。音乐一直只是手段”——那么他的实践则相反，彻头彻尾地表现为，“姿态是目的。戏剧，还有音乐，一直只是它的手段”。[1]音乐是对戏剧化的表情和演员的感官极限进行说明、加强和内在化的手段；而瓦格纳的戏剧，仅仅是见识众多有趣的姿态的机会！——除了一切其他的天性，他在
420 所有事情上具有一个伟大演员的指挥的天性：如上所说，也作为音乐家。——有一次我费力不小，才向一个纯粹的（pur sang）瓦格纳的追随者讲清这点——清晰和瓦格纳的追随者！我不再多说一句。有必要再作补充，“请您对自己再诚实一点儿吧！我们不是在拜罗伊特。在拜罗伊特，人们只是作为大众诚实，作为个体说谎，对自己说谎。有人若去拜罗伊特，会把自身留在家中，放弃自己舌头和选择的权利，放弃他的鉴赏力，甚至他的勇气，亦即放弃他在家里四壁之间、面对上帝和世界所拥有的和做的一切。没人会把自己对于艺术的最精妙的感受带进剧院，更不用说那个为戏剧工作的艺

1.“戏剧［……］手段”：参见瓦格纳的《歌剧与戏剧》（1850/51），引论。

术家了，——那里缺少孤独，而所有完美的东西，无法容忍见证人……在剧院里，人是人民、群兽、女人、伪君子、跟屁虫、赞助人[1]和白痴——是瓦格纳的追随者：在那里，最隐秘的良知屈服于多数人那使一切趋同的魔法；在那里，邻人发号施令，人们自己也就成了邻人……”

1. 赞助人（Patronatsherr）：根据古罗马法，罗马公民具有对于获得自由之人的赞助人地位的权利和义务；这里影射瓦格纳的赞助人协会的成员，协会通过出卖股份凭证，资助拜罗伊特的节庆剧院的建造。

间奏曲

——我还要对经过最精心挑选的耳朵说一句话：我究竟想要音乐干什么。音乐得既欢快又深沉，就像十月的一个下午。它要自有特性，调皮放纵，温柔亲切，犹如一个娇小可爱的女人，风流而妩媚……我永远不会允许这样的说法，一个德国人能够知道，音乐是什么。那些被称为德国音乐家的人，是外国人，奴隶，克罗地亚人，意大利人，荷兰人——或者犹太人；在另外的场合里，德国人属于强大的种族，那是已经死光的德国人，比如许茨[1]，巴赫[2]和亨德尔。

1. 许茨（Heinrich Schütz，1585—1672）：德国作曲家。通过他的基督教新教的宗教音乐，德国音乐在1500年后第一次重新获得欧洲的影响地位。
2. 巴赫（Johann Sebastian Bach，1685—1750）：巴洛克时代最伟大的作曲家之一，其取之不尽的创作具有一种外在和内在的多样性，多声部的赋格曲技术在其作品中达到完美状态。

我自己一直还是波兰人，[1]和肖邦[2]相比，足够替音乐尽些余力：出于三个理由，我把瓦格纳的西格弗里德—田园曲[3]当
成例外，也许还有李斯特，他在高雅的管弦乐重音方面，胜 421
过所有其他音乐家；最后还有在阿尔卑斯山那边生长的所有人——这一边……我不会遗忘罗西尼，更不会忘记音乐中我的南方，我那威尼斯的彼得·加斯特大师。要是我提到阿尔卑斯山的那一边，实际上我独指威尼斯。倘若我为音乐寻找另一个词，我总是找到威尼斯这个词。我不知道眼泪和音乐之间有何区别，我知道这是幸福，每每思及南方，就不会缺少胆怯的寒噤。

最近，在灰蒙蒙的夜里
我伫立桥旁。
远处传来歌唱；
金色的珠点汩汩涌现，
掠过颤动的水面。
威尼斯游艇，灯光，乐曲——

---

1. 是波兰人：在《瞧这个人》中尼采写道：“可我的祖先是波兰贵族：从这方面来说，我体内有许多种族的本能［……］”（“我为什么这样聪明”，§3）尼采的波兰血统没有得到证明。
2. 肖邦（Frédéric Chopin，1810—1849）：浪漫主义钢琴家和作曲家；一个法国父亲和一个波兰母亲的儿子。
3. 西格弗里德—田园曲：《西格弗里德》II，2 中西格弗里德同大自然的对话。交响乐队的“林中活跃之声”，提前展示了法国印象主义音乐的音色。1780 年瓦格纳把它改编成一个交响乐谱。

沉醉地漂进暮色远去……

我的灵魂，犹如一曲弦乐，
被无形之手拨动，
为此悄然唱起一首游艇之歌，
由于多彩的极乐而战栗。
——或许有人在凝神静听？

瓦格纳作为危险

1

眼下，在非常有力但模糊不清地被称为“无休止的旋律”的东西中，现代音乐跟踪着它的意图。由此大家可以明白，人们向着大海走去，渐渐地失去在地面上的平稳脚步，最终无条件地把自己交付给自然力：人们得游泳。在古老一些的 422
音乐[1]中，在优美或庄严或火热的交替中，在快速和徐缓的乐章里，人们要做的是截然不同的事，即得跳舞。这里必须要有尺度，要遵循对某种同样均衡的时间和力量等级的要求，而这迫使听众的灵魂进行一种持续的沉思，——这种来自沉思的凉爽空气和兴奋的温暖气息，互相作用，而所有优秀音乐的魅力，就建立在这种作用上。——里查德·瓦格纳要的是另一种运动，——他推翻了至今音乐所需要的生理条件。

---

1. 古老一些的音乐：意指直到古典主义，音乐主题那有规律的、对称的结构。

游泳，飘移——不再行走和跳舞……也许以此决定性的话已经说出。那“无休止的旋律”正是想打破所有时间和力度的均衡，时而它还嘲弄了这种均衡自身，——它恰恰在这点上富有发明，即对一只较老旧的耳朵来说，这种旋律听起来是对节奏的违背和亵渎。从对这样一种鉴赏力的模仿和掌握中，滋生出对音乐的一种危险，一种大得我们无法想象的危险——节奏感的彻底蜕变，混乱代替节奏……当这样一种音乐越来越紧密地依靠一种完全是自然主义的、不受任何表现力法则控制的装模作样和形体艺术，除了效果，不要求其他时，这种危险便到达了顶峰……为了富有表情（espressivo）可以不计一切代价，音乐的作用在于服务，在于当姿态的奴隶——这是末日……

2

怎么？难道就像现在音乐的演讲艺术家们相信的那样，在任何情况下达到一种再也无法超越的浮雕似的效果，这是
423 一次演讲的第一品格？比如，要是把这样的方法用在莫扎特身上，这难道不是违逆莫扎特精神的，那欢快、热情、温柔和充满爱意的莫扎特精神的真正的罪过？谢天谢地，他不是德国人，他的严肃是一种善意和纯真的严肃，而不是一个德国式庸人的严肃……更不用说那“石像客人”[1]的严肃了……

1.“石像客人”：石像客人是被唐乔万尼在莫扎特同名歌剧（1787）中（转下页）

你们以为，所有的音乐都该是“石像客人”的音乐，——所有的音乐必须跳出墙壁，进入听众的内脏进行震撼？……这样音乐才有效果！——不过对谁有效？对某些一个高尚的艺术家永远不想施效的人，——对大众！对幼稚的家伙！对自命不凡的人！对病态者！对白痴！对瓦格纳的追随者！……

（接上页）打死的十字勋章骑士那可怕的幽灵。第二幕序曲中，那令人毛骨悚然的音乐氛围，成了浪漫主义音乐的范例。

一种没有前途的音乐

在某种特定文化的土壤中生长起来的一切艺术门类中，艺术作为所有植物中的最后一株出现，也许是因为它最内向，因此，最迟来到，——每每在它所归属之文化的秋季和凋谢时光。只有在荷兰大师的艺术[1]里，基督教中世纪的灵魂才找到它最后的音符，——其声音的建筑艺术是哥特式艺术那晚生的、不过是正统的、出身相同的姐妹。只是到了亨德尔的音乐里，来自路德[2]及其同人的灵魂的精华才发出声音，那犹

1. 荷兰大师的艺术：指15和16世纪在法国—佛兰德区域中的“荷兰的声乐复调音乐”，多声部—对位法歌唱艺术的高峰。
2. 路德（Martin Luther，1483—1546）：这位奥古斯丁教团的修士引发了宗教改革运动，它争取改革由于世俗化和政治危机而受到威胁的教会。宗教改革始于路德论纲在维藤堡的公开发布（1517），1530年在奥格斯堡的德意志帝国议会上，导致德意志帝国的宗教和政治分裂；在奥格斯堡的宗教妥协（1555）中，当时帝国的诸侯被承认有自由的宗教选择的权利。

太人、英勇的特征，赋予了宗教改革一种伟大的特点——《旧
约》成了音乐，不是《新约》。只有莫扎特以响亮的乐声，让
路易十四[1]的时代、拉辛[2]以及克洛德·洛兰[3]的艺术金光灿
烂；只有在贝多芬和罗西尼的音乐里，18世纪，这个热情
洋溢、理想破灭、幸福易逝的世纪，才用歌声唱出自己。每
种真正的原创性音乐是天鹅的哀鸣。[4]——也许，这也是我 424
们最后的音乐，尽管它如此盛行和渴望盛行，它前面也只有
一小段时间：因为它来自这样一种其土壤正在迅速下沉的文
化，——来自一种立刻就要陷落的文化。情感上的某种天主
教教义，对某种古代本土的所谓“民族的”本质和非本质[5]的
一种兴致，是这种文化的前提。瓦格纳对古代传说和歌曲的
偏爱，在这些传说和歌曲中，那训练有素的偏见，出色地教
人见识了某些日耳曼的东西——今天我们对此感到好笑——，
那些渴望迷人的性感和灵魂的升华的斯堪的那维亚怪物的复
活——瓦格纳在对于题材、形象、酷爱和神经类型方面的全

---

1. 路易十四：法国专制主义统治者（1638—1715，自1643年即位），以“太阳皇帝”的名称闻名于世。在其统治下，法国在欧洲获得政治和文化的支配地位。
2. 拉辛（Jean Racine，1639—1699）：法国悲剧作家，除高乃依和莫里哀之外，法国古典主义最重要的代表。
3. 克洛德·洛兰（Claude Lorrain，1600—1682）：法国画家；他那理想主义的风景画，在风格形成方面的影响，一直延续到19世纪。
4. 天鹅的哀鸣：“告别歌唱”；根据古代传说，天鹅临死前会唱歌。
5. “民族的”本质和非本质：参见瓦格纳的文章“何为德意志?”（1865）和“贝多芬”（1870）。在后面一篇文章里，面对法国文化，他褒扬自盖贝尔（Emanuel Geibel，1815—1884）的诗歌“德国的职业”（1861）以来的“德国本质”：“这可能是德国的本质/有一天还让世界痊愈。”

部取舍，清楚地表达出他的音乐精神。不过我们假定，这种音乐，同任何其他音乐一样，不懂得不模棱两可地谈论自己：因为音乐是个女人[1]……我们眼下恰恰身处反动之中的反动[2]中，关于这个事态，大家不能受此迷惑。民族战争和教皇集权主义的殉难[3]的时代，这全部的、现在欧洲形势所独具的幕间的特点，事实上协助这样一种艺术，就像瓦格纳的艺术，获得一种突如其来的荣誉，但没有担保它的前途。德国人自己没有前途……

1. 音乐女人：瓦格纳在《歌剧与戏剧》(第一部分，VII）中对音乐这样说。
2. 反动之中的反动：反动时代囊括了1848—1849年革命后欧洲国家中的复辟倾向。
3. 教皇集权主义的殉难：影射教皇永无谬误论公布（1870）后，在帝国总理俾斯麦和“越过群山”(阿尔卑斯山）以南方为准的天主教教皇集权主义者之间爆发的文化斗争。

我们是对跖人

或许还有人记得，至少在我的朋友们中间，开始时，我带着某些谬误和夸张，无论如何作为怀有希望者，对这个现代世界展开冲击。我把——天知道基于哪些个人的经验？19世纪哲学的悲观主义[1]理解为思想的一种更加崇高的力量、生命的一种更富胜机的丰盈的征兆，胜于它在休谟、[2]康德和黑格尔哲学里的表达，——我认为悲观的认识[3]是我们文化最美丽的奢侈品，是挥霍的最高贵和最危险的类型，但不管怎样，考虑到它的丰富充裕，是文化那被允许的奢侈品。同样，我有理由，把瓦格纳的音乐解释为心灵的一种狄奥尼索斯之强 425

1. 哲学的悲观主义：尼采在此指涉叔本华。
2. 休谟（David Hume，1711—1776）：苏格兰外交家和哲学家，启蒙运动的重要代表；在其代表作《人类理智研究》（1748）中提出怀疑的理论：认识的基本概念，比如因果关系，不能被视为是客观的，而是主观地建立在习惯的基础上。
3. 悲观的认识：参见《悲剧的诞生》（1872）。

力的表达，[1]我相信自己在其中听到了地震的声音，伴随着地震，一种自古以来积聚而成的生命的原始力量，最终有了发泄的机会，而且毫不在意，那今日被称为文化的一切东西，是否会由此而摇摇欲坠。大家看到了，我弄错了什么，大家同样也看到了，我把什么赠给了瓦格纳和叔本华——把我自己……每种艺术，每种哲学，都可以被视为成长或衰败的生命的医治良方：它们总是以受难和受难者作为前提。不过，存在着两种受难者，[2]一种是苦于生命力之过剩的受难者，他们要的是狄奥尼索斯的艺术，同时还有悲观的洞见和对于生命的展望——然后是苦于生命之贫乏的受难者，他们向艺术索求的是休憩，安宁，平静的海洋[3]或者还有迷醉，痉挛和昏眩。向生命自身复仇！……这是这类贫瘠者最最荒淫的迷醉方式！瓦格纳同叔本华一样，适应了后者的双重需求——他们否定生命，他们诋毁生命，由此他们是我的对跖人。——最富有生命力的人，那狄奥尼索斯的神和人，[4]不仅自己乐于见

---

1. 心灵的一种狄奥尼索斯之强力的表达：在《悲剧的诞生》中提出的，狄奥尼索斯的迷醉和阿波罗的形式美之间两相对立的原则。它源自希腊神话。狄奥尼索斯是宙斯和塞墨勒的儿子，相当迟地被提升为奥林匹斯的神祇。作为迷醉、酒和丰产的神，人们举行酒神节对他表示尊敬，从这类宗教仪式中，产生出悲剧和喜剧。
2. 两种受难者：尼采在有理由的狄奥尼索斯的受难和叔本华、瓦格纳的仅是颓废的受难之间进行区分。
3. 平静的海洋：这幅图像同瓦格纳那里波涛汹涌的大海形成对比。
4. 狄奥尼索斯的神和人：意指“超人”，在其自身一种不断提升的意义上。参见《查拉图斯特拉如是说》I，“查拉图斯特拉的前言”，§3。

到那可怕和成问题的景象，而且乐于接受那可怕的行为以及破坏、分离和否定的每种奢侈，——在他身上，邪恶，愚蠢和丑陋看来同样是允许的，就像在天性中显现为是允许的那样；其原因是一种生产和重建力量的过剩，而这些力量足以 426 把一片荒漠变成一片丰饶的沃土。相反，那受难最深者，生命力最贫乏者，在思想上和行动中，最需要温煦，平和以及仁慈——那今天被称为人道主义的东西——可能的话还需要一个神，一个完全特定的病人的神，一个*救世主*，同样还需要逻辑，对此在之概念上的理解，甚至对白痴的理解——这些典型的“无神论者”，[1] 就像“理想主义者”和“美丽的灵魂”一样，都是颓废者——简而言之，需要某种温暖的、能抵御可怕的困境，需要置身于允许*愚昧化*的乐观主义的视阈中……我就这样渐渐地理解了伊壁鸠鲁，[2] 一个狄奥尼索斯的希腊人的对立面，同样还有基督徒，他其实只是某种享乐主义者，以其“信而必然得救”，[3] *极尽可能地*遵循享乐主义原则——直到超越任何知识阶层的本分……倘若我比所有心理学家们超前一步的话，那么情况就是，对于观察推理的任何

---

1. “无神论者”：按照 18 世纪出现的英国自然神论者。遵循理性的原则，他们仅仅接受一种无个性特点的、理性和神圣的原则，但不接受一种个人的上帝。对尼采来说，无神论者追求一种独立的思考，不过以他们那对于真理的理想主义信仰，尚未真正地自由。

2. 伊壁鸠鲁（Epikur von Samos，前 342—270）：希腊哲学家；不仅宣扬感官的，也宣扬精神的至福。以后，享乐主义，那关于物质和感官享受的理论，被归于他的名下。

3. “信而必然得救”：参见《马可福音》16，15。

最困难和最棘手的类型，我的目光更加锐利，而大多数错误正是发生在这些类型中。那是从作品到作家，从行为到罪犯，从理想到需要它的人，从每种思维和评价方式到后面发号施令的需求的推理。——在每种类型的杂耍演员方面，我现在进行这样一种主要辨别：这里，反对生命的仇恨或者那生命的过剩成了创造性的东西？比如在歌德那里，过剩是创造性的，在福楼拜那里，仇恨是创造性的：福楼拜作为杂耍演员，根据帕斯卡的一个新说法，具有来自心底的本能判断力："福楼拜总是可恨的，此人什么都不是，作品是一切"……他在写作时折磨自己，正像帕斯卡思考时折磨自己一样——他们
427 两人都觉得不自私……"忘我"——颓废的原则，既是艺术中也是道德上的终结意志。——

瓦格纳属于何处

即使现在，法国依然是欧洲最富神韵和最为精巧的文化的处所，鉴赏力的高等的学校：不过，人们得懂得如何去发现这种“鉴赏力的法国”。比如《北德意志报》，[1]或者是那个在报纸上发表言论的人，认为法国人是“野蛮人”，[2]——就我个人来说，我会在德国北部的附近，寻找那片在那里人们还得解放奴隶的黑色土地[3]……谁属于那个法国，得好好地把自己藏起：那可能是一小部分人，他们长得一模一样，但也

1.《北德意志报》：1861年创刊于柏林，自1863年起受国家资助；它曾是俾斯麦的喉舌（《总理报》）。

2.“野蛮人”：在古希腊罗马文化中，对其他语言和文化之成员的称呼；一般地指“没有教养者”，“粗野的人”。

3. 还得解放［……］黑色土地：影射1888年11月22日威廉二世皇帝的议会演说。演说里，他把非洲殖民地说成是基督教传教事业的原野。（参见《瞧这个人》，“瓦格纳事件”，§3）。

许有人腿脚不是最稳，一部分是宿命论者，心情抑郁者，身患疾病者，一部分是娇生惯养者和装腔作势者，都有艺术的虚荣心，——但是，他们把眼下世上尚存的所有的崇高和优雅，都掌握在自己的手里。今天，在这个精神的法国，也是悲观主义的法国，叔本华比在德国更受欢迎；他的主要著作已被翻译了两次，第二次非常出色，[1]以至于我现在宁愿阅读法语版的叔本华（——他是我们德国人中的一个偶然，就像我也是这样一个偶然一样——德国人没有长着触及我们的手指，他们根本就没有手指，他们只有爪子）。更不用说海涅[2]了——非常值得尊敬的海涅（l'adorable Heine），人们在巴黎这么说——，他早已融入法国那些更深沉、更有灵性的诗人的血肉中。德国的蠢牛，怎能懂得如何对付这样一种天然的珍馐美味（délicatesses）！——最后关于瓦格纳：很明显，
428 太明显了，对于瓦格纳，巴黎是真正的*立足点*：法国的音乐越是根据“现代灵魂”（âme moderne）塑造自己，它就越是变成瓦格纳式，[3]——现在它走得已经够远了。——对此，人们不应该受到瓦格纳本人的误导——1871 年，瓦格纳在他的

---

1. 第二次非常出色：1888 年法国作家和政治家布迪（Auguste-Laurent Burdeau，1851—1894）完成了这个《作为意志和表象的世界》的译本。
2. 海涅（Heinrich Heine，1797—1856）：德国诗人，1825 年放弃犹太教信仰，皈依基督教，在 1848 年革命的范围内，把后期浪漫主义影响同讥讽的怀疑以及政治—进步的思考联系在一起；1831 年流亡巴黎。著作中有《诗歌集》（1827），《德国。一个冬天的童话》（1844），《游记集》（1826—1831）等。
3. 瓦格纳式：影射法国的瓦格纳主义。

垂死挣扎中还嘲笑[1]巴黎，这可真是糟透了……尽管如此，瓦格纳在德国仅仅是一个误解：比如，谁比那个年轻的皇帝[2]更没有能力，稍稍理解一些瓦格纳？对每个熟悉欧洲文化运动的人来说，事实再清楚不过了，即法国浪漫派和里查德·瓦格纳最紧密地联系在一起。所有人都受文学统帅，从他们的眼睛直到耳朵——欧洲第一批受过世界文学教育的艺术家——大多数人甚至自己是作家，诗人，感官和艺术的中介者和调和人，全都是表达的狂热者，崇高的帝国、丑陋和恐怖的伟大发现者，效果、展示、橱窗艺术中更伟大的发现人，是远远超越了他们天分的天才人物——，是彻头彻尾的艺术大师，熟悉通往鼓惑、引诱、逼迫和颠覆的所有秘密途径，是逻辑和直线的天生的死敌，渴望陌生，异国情调，可怕事物，对感官和知性的所有麻醉剂。总而言之，是一群胆大妄为、嚣张强暴、雄心勃勃、好高骛远的艺术家，他们首先得向他们的世纪——那是大众的世纪——传授“艺术家”的概念。不过病态……

1. 在他的垂死挣扎中还嘲笑：1870年11月瓦格纳曾写下喜剧《一次投降》。在剧中他对法国的共和主义开玩笑；而在1848—1849年的德累斯顿革命中，他曾拥护这种共和主义。

2. 年轻的皇帝：由尼采以后添加的对普鲁士威廉二世（1859—1941）的影射。自1888年6月15日起，他也是德国皇帝。

瓦格纳作为贞洁的信徒

429

1

——这仍然是德国式的？

这种郁闷的嘶叫出自德国人的心底？

这样自我撕咬的是德国人的肉体？

教士这样叉开双手的身姿，

这缭绕出圣烟的对感官的刺激，也是德国式？

这样的突进，停顿，踉跄，

和花里胡哨的惊惶摇摆，也是德国式？

修女的秋波，欢迎的钟声的叮当，

这全然是虚假地使人陶醉的天堂和天堂之上？……

——这仍然是德国式的？

斟酌一下吧！你们尚且站在门旁……

因为你们听到的，是罗马，——无言的罗马信仰！[1]

2

在情欲和贞洁之间不存在必然的对立；每种合适的婚姻，每种真正的心灵之爱，都超越这样的对立。不过，在这种对立事实上存在的情况下，幸运的是，它还远远不是一种悲剧性的对立。至少对所有教养良好和心情愉快的凡人来说是这样。他们绝对不会去计较天使和小动物（petite bête）之间那不稳定的平衡，不加考虑地把它视为反对此在的理由，——那感情最细腻者，最明智者，如哈菲兹，[2] 如歌德，在此之中甚至看到一种额外的魅力……这样的矛盾恰恰把人们引诱到此在……另外，倘若锡西（Circe）的那些不幸的动物有那么一天受调教，学会朝拜贞洁，它们在此之中将看到和朝拜的，也只是自己的对立面，这完全可以理解——唉，会带有怎样一种悲剧性的叨叨嘀咕声和激奋进行朝拜！人们 430
可以想象——那令人难堪和完全多余的对立。而瓦格纳在其生命的最后，[3] 还无可置疑地打算把它置入音乐，搬上舞台。究竟为何？倘若允许人们这样简单地发问。

---

1. 无言的罗马信仰：暗指瓦格纳《帕西法尔》中的音乐动机。
2. 哈菲兹（Hafis，1330—1389）：波斯诗人 Muhammad Schamsaddin 的别名。歌德曾把他《西东诗集》的第二部分献给他。
3. 在其生命的最后：在《帕西法尔》中。

3

当然另一个问题无法避开，即那个男子汉的（唉，如此非男子汉的）“乡下笨汉”，同他究竟有何干系？那个可怜的恶魔和天真的小伙子帕西法尔，竟然被他以如此狡诈的手段变成天主教徒——以什么方式？这个帕西法尔的形象真是认真的？因为，有人嘲笑[1]他，这点我最不想否认，戈特弗里德·凯勒[2]也不会……人们也许可以希望，瓦格纳的帕西法尔形象是开玩笑，可以说是最后的剧本和萨蒂尔戏剧。[3]悲剧作家瓦格纳恰恰想借此，用适合他和他的尊严的方式，也就是说，以一种超常的、对悲剧性自身最极端和最戏弄人的讽刺性模仿，同我们，也同他自己，而首先同悲剧告别。这种讽刺性模仿所针对的，还有以往全部骇人听闻的世间严肃和人间悲诉，以及那最终已被克服、禁欲理念中那违背常情的[4]最愚蠢的形式。帕西法尔是个出色的（par excellence）喜剧

1. 嘲笑：昆德丽曾嘲笑在十字架上受难的基督（《帕西法尔》II），在原罪的一次早年的具体化中获罪。所以她受到永恒地轮回的诅咒。

2. 戈特弗里德·凯勒（Gottfried Keller，1819—1890）：瑞士作家，写现实主义的长篇小说和故事；自 1855 年起同流亡到瑞士的瓦格纳成为朋友。尼采尊重凯勒的作品。

3. 萨蒂尔戏剧（Satyrdrama）：和产生于狄奥尼索斯葡萄酒节的“悲剧，Tragodia”（“Tragos” = “Bock，山羊”）中、为献给狄奥尼索斯的山羊祭品伴唱的哀歌相比，节庆游行那粗俗的歌唱（“喜剧，komoi”）是不同的。在那里，男性的参与者打扮成萨蒂尔（山羊形的森林之神），作为多产的象征，身上装着一根阳具。尼采转向早年狄奥尼索斯节庆传统的悲喜剧视角，以反瓦格纳。

4. 禁欲理念中那违背常情的：参见《论道德的谱系》，第三篇：“禁欲主义理念意味着什么？”

题材[1]……瓦格纳的《帕西法尔》难道是他对自身的居高临下的窃笑，是他最后和最高的艺术家的自由、艺术家之彼岸性的胜利？——瓦格纳懂得嘲笑自己？……如前所说，人们也许可以这样希望：因为倘若帕西法尔的形象真是认真的，那么他会成为什么？果真有这样的必要，把他看作是（就像有人针对我说的那样）“对认知、精神和情欲的一种疯狂仇恨的产物”？一种在仇恨和吐露的一致中，对于情欲和精神的诅咒？一种背弃信仰和对基督教病态的和蒙昧主义理想的回 431
归？最后甚至是一种自我否定，从一个艺术家立场出发的自我清除？而这个艺术家迄至那时，曾以自己全部的权力意志，致力于那相反的东西，让自己的艺术，最高度地超凡脱俗和具体化。不仅让艺术，而且还让他的生命。大家还记得，瓦格纳那时曾多么兴奋地跟着哲学家费尔巴哈[2]亦步亦趋。费尔巴哈关于“健康情欲”的话——它曾对三、四十岁的瓦格纳和许多德国人有发聋振聩的作用——他们自称为青年德意志[3]——犹如拯救这个词。他最终对此改变了观念？或者他最后的意愿至少表面上是这样，对此改变说教？……对于生命

1. 喜剧题材：同梅耶贝尔（Meyerbeer）的大歌剧不同，科隆人奥芬巴赫（Jacques Offenbach，1819—1880）在巴黎创作出讽刺性小歌剧。

2. 费尔巴哈（Ludwig Feuerbach，1804—1872）：德国哲学家。1849年在苏黎世，瓦格纳曾讨论他的唯物主义—无神论的著作。费尔巴哈在他《基督教的本质》中，把对上帝的信仰解释为人类困境和愿望的投射。

3. 青年德意志：对1830年法国7月革命后，以海涅和伯尔纳等人为中心的一些自由革命作家的称呼。

的仇恨占据了他的全身，就像在福楼拜那里一样？……因为《帕西法尔》是一部充满恶意、复仇欲、针对生命之前提的秘密毒药搀剂的作品，是一部糟糕的坏作品。——对于贞洁的说教，依旧是一种对于矫饰的煽动：我蔑视每个人，只要他不觉得《帕西法尔》是对德行的谋杀。[1]

1. 对德行的谋杀：自我引言，出自《瞧这个人》，“我为什么写出了这样的好书”，§5。

我是如何摆脱瓦格纳的

1

早在1876年夏天，在首次节庆演出的日子里，我已同瓦格纳告别。我无法忍受模棱两可的东西；自从瓦格纳返回德国后，他一步一步地堕落到让我鄙视的地步——甚至堕落到反犹太主义……当时，的确到了告别的紧急时刻：不久我就获得对此的证明。里查德·瓦格纳，表面上是大获全胜者，实际上却是一个腐朽和绝望的颓废者，茫然无助，疲乏崩溃，突然跪倒在基督的十字架前……针对这样可怕的表演，难 432
道当时没有德国人，脑袋上长有眼睛、良知里拥有同情？难道我是唯一由于他而——受难的人？——够了，对我本人来说，这突如其来的事件犹如一道闪电，照亮了那我离开的地方——给我带来一阵事后的战栗，就像一个毫不知觉地躲过一场可怕危险的人。当我孑孓一人，继续向前时，我浑身颤抖；此后不久我就病了，不止是病了，还感到厌倦，——出于对一切的不可抑制的失望，而原先我们现代人对这一切还留有热情；厌倦，由于对到处被挥霍的力量，工作，希望，青春和爱情而感到的失望；厌倦，还因为对那些全部理想主义的谎言和良知的弱化反感，而这种弱化在这里再次战胜了一个最勇敢的人；最后，但不是最不重要的，厌倦还源自对一种无情的猜忌的忧虑——从此刻起我被判定，要更深地不信任，更深地蔑视，比以往任何时候更深地陷于孤独。因为除了里查德·瓦格纳，我别无他人……我永远地被判决为德国人……

2

从此刻起我孤独一人，对自身也疑心重重，当时不无愤怒地采取反对自己的立场，而去赞同恰恰伤害我、冷酷地对待我的所有人：我就这样重新找到通往那勇敢的悲观主义的道路。而这种悲观主义是所有理想主义的谎言的对立面，同时，就我看来，也是通向我自身的道路，——通向我的使命……那种隐蔽和专横的东西，[1] 对此我们许久以来没有名称，直到它最后证明自己，是我们的使命，——我们身上的这个暴君向我们发动了一场可怕的复仇之战，由于我们躲
433 避它或者从它身边溜走的尝试，由于每种过早表现出的谦

1. 那种隐蔽和专横的东西：暗指“daimonion”，即内在的声音，苏格拉底已经据此为他的行动说明理由（柏拉图：《苏格拉底的申辩》，31d）。

恭，由于我们对那些与自己不同类的人一视同仁，由于每次如此值得重视的活动，如果它会分散我们对于主要任务的注意力，——唉，由于每种德行自身，而它们能帮助我们抵抗最本真的责任的严酷性。每当我们想怀疑对我们的使命的权利，每当我们开始在某些方面放松自己，每次的答案是病态。奇特，同时又可怕！我们的放松，是我们不得不付出最沉重的代价的原因！如若我们以后想恢复健康，我们就别无他法：我们必须承负起，比我们先前曾承负的更重的担子……

心理学家发言

1

一个天生的、命中注定的心理学家和心灵预言者，他越是关注高度精选的病例和人，他被怜悯心扼杀的危险性就越大。他比任何一个其他人，更需要严厉无情和开朗快活。上等人的堕落和毁灭也就是常例：眼前不断地看到这样一个常例，令人惊骇。心理学家发现了这样的毁灭，发现了那上等人全部内在的“不可救药”，以及在每种意义上的永恒的“太迟了！”，然后又几乎不间断地发现这点穿越整个历史——也许有那么一天，他的这种精神痛苦，会成为他自己堕落的原因……几乎在每个心理学家身上，人们可以发现一种奸诈的、同普通的以及保养良好的人进行交往的倾向：由此透露出这样的情况，即他总是需要一种治疗，需要某种逃避和遗
434 忘，以摆脱他对事物的了解和切入，即摆脱他的手艺压在他

的良知上的一切。害怕自己的记忆，这是他的特点。面对别人的评判，他容易沉默不语。当他在什么地方见到，有人受到尊敬，敬佩，爱戴和美化时，他会面无表情地倾听，——，或者他还会明确地赞同某个前台的意见，以便藏匿自己的沉默。也许他那荒谬的情状会发展到可怕的境地，以至于正是在他除了伟大的蔑视，还学会了伟大的怜悯的地方，那些“有教养者”反过来学习伟大的尊敬……天知道，是否在所有伟大的病例中仅仅发生着这样的事，——人们礼拜一个上帝，而上帝只是一头可怜的献祭牲口……成功总是最大的说谎者——而作品，行为也是一种成功……那个伟大的政治家，征服者，发现者，穿着他的创造物的外衣，藏匿着，直到无法辨认；那部艺术家和哲学家的作品，虚构出那个创作它的人，那个据说创作了它的人……那些受到崇拜的“伟大的男人”，事后不过是渺小和低劣的文学虚构，——在历史价值的世界里，流行的是假币制造术……

2

比如这些伟大的作家，拜伦[1]、缪塞[2]、爱伦坡[3]、利奥巴迪[4]、克莱斯特[5]、果戈理[6]——我不敢提及更伟大的名字，但我指的

1. 拜伦（George Gordon Noel，Lord Byron，1792—1824）：英国作家。
2. 缪塞（Alfred de Musset，1810—1857）：法国浪漫主义作家。
3. 爱伦坡（Edgar Allan Poe，1808—1849）：美国作家。
4. 利奥巴迪（Giacomo Leopardi，1798—1837）：意大利诗人和哲学家。
5. 克莱斯特（Heinrich von Kleist，1777—1811）：德国剧作家和小说家。
6. 果戈理（Nikolai Gogol，1809—1852）：俄国作家。

就是他们——正如他们曾是和肯定是的那样：他们是变幻莫测的人，性感，荒谬，才华横溢，容易在猜忌和信任之间突变；心灵上通常有某道裂痕需要遮掩；常常用他们的作品为内心所受的一次玷污进行报复；面对一个过于忠实的记忆，时常通过远足，试图进行遗忘；是来自沼泽地附近的理想主
435 义者——这些伟大的艺术家，尤其是所谓的上等人，对首先看出他们本相的人来说，是怎样的精神痛苦……我们大家则是平庸之辈的代言人……可以理解，他们恰恰从女人那里，从在受难的世界里独具慧眼，可惜过于超越自己的力量渴望帮助和进行拯救的女人那里，如此轻易地体验到那种漫无边际的同情感的爆发，而这样的爆发，给予大众，首先是那些崇敬的大众，大量新奇的和自鸣得意的解释……这种同情通常自不量力：女人以为，爱情能做到一切，——这是她自身的迷信。唉，心灵的知情人猜得到，即使那最美好最深沉的爱情，也是多么地可怜，无助，霸道，乖张——更能毁灭而非拯救……

3

每个曾深受苦难之人精神上的厌恶和高傲——一个人能多深地受难，这几乎由其等级决定——，他有着那浸透他的全身并留下印记的、令人毛骨悚然的确信，由于自己的受难，他比那些最聪明和最有智慧的人知道得更多，并且在许

多遥远的、“你们一无所知的”[1]可怕世界里为人知晓，还曾留驻……，这种精神的、沉默无语的高傲，这种认识之人选的、“知情者”的、几乎被牺牲者的骄傲，需要所有类型的伪装，以防止自己被纠缠不休和同情之手的触摸，尤其是针对痛苦方面的非同道，保护自身。这种深沉的磨难让人高贵；它对人进行区分。最精细的一个化装形式，是伊壁鸠鲁主义和某种下面要展示的鉴赏力的大胆；它轻率对待受难，抗击所有的悲哀和深刻。有那样一些“快活的人们”，他们表现得兴高采烈，因为他们想被人误解，——他们愿意被人误 436
解。又那么一些“科学的英才”，他们投身于科学，因为科学给人一种快活的假象，因为科学性的结论可以是，人是肤浅的——他们愿意导致一种错误的结论……有一些自由和狂妄的英才，他们想遮掩和否定，他们的心本质上已经破碎和无可救药——这是哈姆雷特[2]的例子：由此可见，愚笨自身，是为一个不幸和过于确信的生灵所准备的假面具。——

1. “你们一无所知的”：参见《马太福音》20：22。
2. 哈姆雷特：《哈姆雷特，丹麦王子》，莎士比亚（1564—1616）的悲剧（1602）。哈姆雷特发誓，为他被暗杀的父亲复仇，但由于以胡言乱语和诙谐滑稽表达出的多愁善感的反思，对计划的实施产生犹豫。

后记

1

我经常扪心自问，较之于其他人，我是否并未更深地承负了我生命中最艰苦的年月。一如我最内在的天性教导我的那样，从高处看和在一种大的经济意义上讲，一切都是必须的，就其本身来说也是有益的，——人们不仅应该去承受它，人们应该去*爱*它……*爱命运*（Amor fati）：这是我最内在的天性。——至于我长年的重病，[1]同我的健康相比，我要感谢它的难道不是更多？我感谢它给了我一种*更高层次的健康*，一种它无法扼杀的更强大的健康！*我的哲学也要感谢它*……只有伟大的痛苦才是精神那最后的解放者，作为伟大的怀疑

1. 长年的重病：至迟从 1873 年起，尼采就受到往复不停的偏头痛类病痛发作的折磨。参见这些年中那些震撼人心的信件。

的教师，他从每个U中提炼出一个X，一个确实无疑的X，[1]也就是说那个倒数第三的字母……只有那伟大的痛苦，那长久缓慢的痛苦，在这样的痛苦中，我们仿佛受着慢吞吞的湿柴之火的熏烤——，这样的痛苦迫使我们哲学家踏进我们最隐秘的深处，排除所有的信任，所有的善心，遮掩的面纱， 437
温柔谦和，不偏不倚。那也许是我们以前的人性所归属的地方。我怀疑，这样一种痛苦是否对人有所"改善"：不过我知道，它使人深刻……假使我们学会用我们的骄傲，我们的讥讽，我们的意志力去对抗它，那我们就达到了印第安人一样的水平，不管受到怎样残忍的凌辱，只用他舌头上恶毒的话语，对他的折磨者进行报复；假使面对痛苦，我们返回虚无，进入那无言、呆滞、无声的自我屈服，自我遗忘，自我解体中：从这样漫长和危险的自我控制的实践中脱身而出，一个人就成了另一个人，带有更多的几个疑问，——首先带有这样的意志，往后更深刻，更严格，更激烈，更尖刻和更沉默地提问，超过地球上迄今为止的所有提问……对于生命的信任已一去不返；生命自身成了一个问题。——但愿大家不要以为，一个人由此必然就成了一个性情阴郁者，一个耳目迟钝者！甚至生命之爱依旧可能，——不过人们爱的是别的什么……那是对一个让我们心生疑虑的女人的爱……

1. 确实无疑的X：暗指十字架。

2

最奇特的是这一点：人们事后有了另一种鉴赏力——第二种鉴赏力。从这样的深渊，也从那伟大的怀疑的深渊返回，就像经历了再生，褪了一层皮，更敏感，更奸诈，对于欢乐有着一种更微妙的鉴赏力，对于所有的好东西拥有一个更细腻的舌头，有着更快活的感官，在欢乐中拥有第二次更危险的无辜，同时更孩子气，比以往狡猾百倍。教益：千百年来思想最深邃者逃脱不了惩罚，——不过也没有未受奖赏……我马上举一个例子。

438 啊，那粗俗、沉闷和褐色的享受，就像那些享受者，我们那些“有教养者”，我们的富人和统治者所理解的那样的享受，现在是否让人感到了厌恶！现在，我们多么奸诈地倾听着那大型市集的喧闹，那个“有教养”者和城市人，而今伴着这样的喧闹，通过艺术、书籍和音乐，在精神饮料的帮助下，如此地把自己强暴成“精神的享受”！激情的剧场尖叫现在如此地震痛我们的耳膜，而那全部的浪漫主义骚动和有教养的小民所喜爱的感官迷乱，加上他那对于庄严、崇高和古怪的努力，现在对我们的鉴赏力是多么地陌生！不，倘若我们这些享受者还需要一种艺术，那么是一种别样的艺术——一种嘲讽、轻松、灵活、神圣地不受干扰、神圣地人造的艺术，犹如一束纯洁的火焰，熊熊燃烧，进入一片无云的天空！而重要的是：那是一种为艺术家的艺术，只为艺术家！事后我们更好地理解了，为此首先需要什么，快活，每种快活，我的朋友们！……某些事我们现在太清楚了，我们这些知情者：啊，作为艺术家，我们眼下该如何学习，有效地遗忘，有效地不知情！……至于我们的将来：人们将很难在那些埃及年轻人[1]的小路上重新找到我们。他们在夜里让神庙不得安宁，拥抱柱形立像，揭开所有一切的面纱，去发现那有充分理由该隐藏着的东西，置其于光天化日之下。不，这样糟糕的鉴赏力，这种对于真理、对于“不惜一切代价之真理”的意志，这类青年人在热爱真理中的疯狂——败坏我们的兴致：这样的事我们不会做，因为我们太有经验，太认真，太欢乐，太胆怯，太深沉……我们不再相信，真理依旧还是真理，如若有人把它的面纱扯掉，——为了相信这点，我们已生活得足够长久……今天对我们来说，这才是一件得体的事，不看一切裸露的东西，不参与一切，不理解一切和 439
不想“知道”一切。理解一切意味着蔑视一切[2]……“这是真的吗，亲爱的上帝无处不在？一个小女孩问她母亲：可我觉得这不对头”——给哲学家的一个暗示！……大自然带着羞怯藏身在谜语和多彩的隐约不定之后，人们最好还是尊重这个羞怯。也许真理是个女人，[3]她有理由，不让别人看见她的

1. 埃及年轻人：暗指席勒的诗歌《赛伊斯的蒙着面纱的神像》。

2. 理解一切意味着蔑视一切（tout comprendre-c'est tout mépriser）：对“理解一切意味着原谅一切”的改变。这个句子出自法国女作家斯塔尔夫人（Germaine de Stäl，1766—1817）的小说《高丽娜或者意大利》（1807）。

3. 真理是个女人：真理是脱身而出的女人这样的类生灵。这是尼采对真理的情欲的定义。它符合瓦格纳对音乐作为女人的特性刻画，以及对两性之（转下页）

理由？……也许那是她的名字，希腊语叫包玻[1]……哎，这些希腊人！他们懂得如何生活！对此有必要勇敢地停留在表面，在褶子处，在皮肤上，崇拜表象，相信形式音调，话语，以及整个假象的奥林匹斯！[2]这些希腊人是肤浅的——由于深刻……我们难道不是正在折回起点吗？我们这些精神上的莽汉，攀上了当下思想那最高和最险峻的顶峰，从那里环顾四周，从那里朝下俯视。从这点来讲，我们不正是——希腊人？是形式、音调、话语的崇拜者？正因为如此是——艺术家？……

（接上页）间的深仇大恨与对认识、精神和德行的深仇大恨的平行对比。真理和音乐，是受制于权力意志的情欲斗争的媒介。但爱情会成为派生的和反作用的感情，成为在斗争中处于劣势者的怨愤和仇恨。（参见《论道德的谱系》I，§11。）

1. 包玻（Baubo）：希腊神话人物，来自厄琉西斯（Eleusis）的一位老妇。垂头丧气的得墨忒耳（Demeter）在寻找她女儿珀耳塞福涅（Persephone）的途中，把包玻的一杯饮料打掉，后者激怒地做了一个不雅观的手势，把得墨忒耳逗乐。
2. 假象的奥林匹斯：参见尼采的《悲剧的诞生》。

关于最富有者的贫穷

441

十年过去了——，
没有一颗雨珠落到我这里，
没有湿润的风儿，没有爱的玉露
——一片少雨的土地……
于是我请求我的智慧，
在这场干旱中不要吝啬：
自己溢出，自己滴下露珠
自己是这片枯黄的荒野的雨水！

以前我曾让云
离开我的山峦，——
以前我说“你们这些乌云，多给些光亮！”
今天我引诱它们，让它们过来：

用你们的乳房把我的周围变得黑暗！
——我要给你们挤奶，
你们这些高山的母牛！
温暖如奶的智慧，爱的甘露，
我要用它们把土地浇灌。

走开，走开，你们这些
目光阴郁的真理！
在我的山上
我不愿见到严厉烦躁的真理。
今天，带着灿烂的微笑
这个真理靠近我的身躯，
442 被太阳照得可人，被爱灼成褐色，——
一个成熟的真理我只从树上摘取。

今天，我伸手出去
抓向偶然的鬈发，
足够聪明地，把偶然
像一个孩子那般引领，哄诈。
对那不受欢迎的来客
今天我要友好相对，
直面命运自身我不想满身是刺
——查拉图斯特拉不是刺猬。

我的灵魂，
贪得无厌地伸出舌头，
业已舔过一切的善恶，
沉入所有的深处。
不过总像软木，
总是重新浮上，
像油迹在褐色的海面上漂荡：
由于这样的灵魂有人称我是幸福之人。

谁是我的父母？
父亲于我难道不是过度富裕的王子
母亲不是静谧的微笑？
难道不是这两人的联姻生出
我这个谜的动物，
光的恶魔，
我这个一切智慧的挥霍者查拉图斯特拉？

今天，患上了柔情病，
如一阵温热的风，
查拉图斯特拉坐着等待，在他山上等着，——
在自己的汁液里
变得甘甜和熟透，

443 在他山顶的下方，
在他冰的下方，
困倦而幸福，
像造物主在他的第七天上。

——安静！
一个真理在我的上空
犹如一朵云彩移动，——
用无形的电光把我击中。
踏着宽敞徐缓的台阶
它的幸福向我走来：
来吧，来吧，让人爱戴的真理！

——安静！
这是我的真理！——
从犹豫的眸子里，
从天鹅绒似的震颤中
它的目光击中我，
可爱，淘气，一个姑娘的目光……
它猜测我幸福的原因，
它猜测我——嘿！它想出了什么主意？——
在它那姑娘的目光深渊里，
紫红色的一条恶龙在窥伺。

——安静！我的真理在讲话！

查拉图斯特拉，你真可悲！
你看上去，像是一个，
吞下金子的人：
别人还会剖开你的肚皮！……

你太富有，
你这个败坏许多人的人！
你让太多的人心生嫉妒，
你让太多的人陷于贫穷…… 444
你的光即使在我身上也投下阴影——，
我冷得发抖：走开，你这个富人，
走开，查拉图斯特拉，从你的阳光里走开！……

你想赠送，送走你富裕的过剩，
可你自己是最大的过剩者！
放聪明些吧，你这个富人！
先得把你自己送掉，啊，查拉图斯特拉！

十年过去了——，
没有一颗雨珠落到你那里？

没有湿润的风儿？没有爱的玉露？
可是谁该爱你，
你这个过于富裕的人？
你的幸福让周围变得干枯，
让爱变得贫乏
——一片少雨的土地……

不再有人谢你。
可你却感谢每个，
从你那里获取东西的人：
由此我认识了你，
你这个过于富裕的人，
你这个所有富人中的最贫穷者！

你牺牲自身，你的财富把你折磨——，
你交出自己，
你不珍惜自身，你不爱护自己：
那巨大的苦恼时刻压迫着你，
过满的谷仓，过满的心灵的苦恼——
可不再有人谢你……

你得变得更加贫穷，
聪明的笨蛋！

倘若你想受人爱戴。

人们只爱那些受难者，

人们只把爱给予挨饿的人：

先得把你自己送掉，啊，查拉图斯特拉！

——我是你的真理……

图书在版编目(CIP)数据

瓦格纳事件:尼采反瓦格纳/(德)弗里德里希·尼采(Friedrich Nietzsche)著;卫茂平译. —上海:上海人民出版社,2019
(尼采著作集)
ISBN 978-7-208-16304-1

Ⅰ.①瓦… Ⅱ.①弗… ②卫… Ⅲ.①尼采(Nietzsche, Elisabeth Frster 1846-1935)-哲学思想
Ⅳ.①B516.47

中国版本图书馆 CIP 数据核字(2020)第 045729 号

责任编辑 赵 伟
封面设计 人马艺术设计·储平

尼采著作集
瓦格纳事件:尼采反瓦格纳
[德]弗里德里希·尼采 著
卫茂平 译

出　版 上海人民出版社
(200001 上海福建中路 193 号)
发　行 上海人民出版社发行中心
印　刷 江阴金马印刷有限公司
开　本 889×1194 1/32
印　张 4.5
插　页 5
字　数 81,000
版　次 2020 年 4 月第 1 版
印　次 2020 年 4 月第 1 次印刷
ISBN 978-7-208-16304-1/B·1453
定　价 48.00 元